Jens Mecklenburg &
Gabriele Haefs

MYTHOS LABSKAUS

Jens Mecklenburg & Gabriele Haefs

Mythos Labskaus

Eine kulinarische Kulturgeschichte
Tradition, Porträts und Rezepte

Mit Illustrationen von Till Lenecke

KJM Buchverlag

Jens Mecklenburgs
NORDISCHE
Esskultur

www.nordische-esskultur.de

November 2020

Simrockstr. 9a, 22587 Hamburg
www.kjm-buchverlag.de
ISBN 978-3-96194-113-1

Satz, Gestaltung: Svenja Wiese, Hamburg
Cover und Umschlaggestaltung: Rothfos & Gabler, Hamburg
Cover unter Verwendung von Illustrationen von Till Lenecke
Lektorat: Katrin Köhler, Hamburg
Korrektorat: Andrea Wolf, Hamburg
Herstellung: Eberhard Delius, Berlin
Druck & Bindung: Belvédère, Oosterbeek, Niederlande
Printed in Europe

Vorwort

»Anfang und Wurzel alles Guten ist die Freude des Magens; selbst Weisheit und alles, was noch über sie hinausgeht, steht in Beziehung zu ihr.« Epikur

Die Bezeichnung »Labskaus« ist seit Anfang des 18. Jahrhunderts bekannt. Das Gericht wird mit Seefahrern und Matrosen verbunden, wurde aber auch von »Landratten« für sich entdeckt. Es stammt aus der Zeit der großen Segelschiffe, als die Auswahl an Lebensmitteln, die als Proviant mitgenommen werden konnten, aufgrund mangelnder Kühlmöglichkeiten äußerst begrenzt war.

Seine Wesenszüge bestehen in Norddeutschland aus gepökeltem Rindfleisch (manchmal auch Schweinefleisch), Kartoffeln, Zwiebeln, Roter Bete, Salzgurken und – darüber wird bis heute im Norden gestritten – Salzhering, Matjes oder Rollmops.

Wir werden aber feststellen, dass Labskaus auch in Wales, Liverpool, Skandinavien und sogar im Baltikum beheimatet ist, dort aber ganz anders verstanden und gekocht wird.

Bis heute findet man den nahrhaften Kartoffelbrei mit gepökeltem Fleisch überall dort, wo es Häfen, Seefahrer und die Hanse gab. Hamburg, Bremen und andere norddeutsche und nordische Küstenorte preisen Labskaus als regionale Spezialität und touristische Attraktion. Auch in Wales löffeln die Menschen gern einen ähnlichen Eintopf, liebevoll Lobby genannt.

Über die Herkunft des Namens wird noch immer spekuliert. Walisische Kochbücher behaupten zum Beispiel, Lobsgaws sei von Seeleuten aus Norddeutschland nach Norwegen gebracht worden, von Norwegen nach

Liverpool und schließlich von Liverpool nach Wales. Angeblich stammt die erste Erwähnung des Namens aus dem Jahre 1706, als der Satiriker Ned Ward (1667–1731) schrieb: »Der Bursche, der Lobscouse erfunden hat, ist inzwischen zum Teufel gefahren.«

Nach unserer Spurensuche quer durch Norddeutschland und Nordeuropa sind wir überzeugt: Erscheint Labskaus auf den ersten Blick auch ein wenig deftig, bodenständig und rustikal, ist es genauer betrachtet ein Gericht voller Tiefe, Geschmacksvielfalt und mit einer großen kulinarischen Wucht. Buttrige, erdige, fruchtige und saure Noten vereinen sich harmonisch mit feinfaserig-marmoriertem Rindfleisch zu einem geschmacklichen Gesamtkunstwerk. Eine Speise mit langer Geschichte, Salzgeruch und Potenzial für die Zukunft. Ein Gericht definitiv nicht nur für Freunde des Rustikalen und Traditionellen, sondern auch für Feinschmecker geeignet.

Wer Labskaus versteht, versteht den Norden und seine Menschen. Appetit auf das alte Seemannsgericht bekommen? Halten Sie es wie Oscar Wilde: »Der einzige Weg, eine Versuchung loszuwerden, ist, ihr nachzugehen.«

Möge es Ihnen munden! *Jens Mecklenburg und Gabriele Haefs*

Was braucht man für Labskaus?

LABSKAUS

Ein Mythos erobert den Norden

Ein Mythos erobert den Norden

Der nahrhafte Kartoffelbrei mit gepökeltem Fleisch steht für eine vergangene Seefahrtepoche, eine raue maritime Männerwelt und einen romantisierenden Rückblick auf diese Zeit. Labskaus findet sich bis heute vor allem an Orten, wo es Häfen, Seeleute und die Hanse gab.

Der Legende nach soll Labskaus schon vor Jahrhunderten auf Segelschiffen gegessen worden sein. Es wird erzählt, ein einfallsreicher Schiffskoch habe Pökelfleisch durch den Wolf gedreht und mit anderen Zutaten wie Schiffszwieback zu Brei verkocht, weil viele Matrosen an Skorbut erkrankt und deshalb zahnlos waren. Der Fleischwolf aber wurde erst Mitte des 19. Jahrhunderts erfunden.

Richtiges Seemannsgarn ist die Theorie, nach der Labskaus entstand, als es einem Smutje in seiner Kombüse bei schwerem Sturm nicht mehr möglich war, etwas Vernünftiges zu kochen. Also nahm er alles, was er finden konnte, und mixte es zu einem herzhaften Brei, der so gut in der Schüssel, auf dem Teller oder an den Löffeln klebte, dass man ihn auch noch bei hohem Wellengang verzehren konnte.

Ein etwas rauer Matrosenspruch lautete: »Alles, was der Seemann im Laufe der letzten Woche verloren hat, findet sich im Labskaus wieder«.

Die heutigen Konservierungs- und Kühlmöglichkeiten standen im Segelschiff-Zeitalter nicht zur Verfügung. Deshalb gehörten zum Schiffsproviant vor allem Gepökeltes, Eingewecktes und andere lang haltbare Lebensmittel. Viele Seeleute hatten durch die Mangelkrankheit Skorbut ihre Zähne verloren und aßen nur noch Kleingehacktes oder Püriertes. Mancher Schiffskoch konnte die Verwendung von minderwertigen oder schon verdorbenen Zutaten so kaschieren.

Die eigentliche Entstehungsgeschichte dieses Grundnahrungsmittels für Seefahrer und Küstenbewohner beginnt aber viel früher. »Lobscouse« wurde 1706 von dem englischen Autor und Satiriker Ned Ward erstmals erwähnt. 1878 feierte das Labskaus in einem seemännischen Wörterbuch seine deutschsprachige Premiere.

Der Ursprung des Wortes »Labskaus« ist unbekannt. Es gibt zahlreiche Deutungen, die aber alle erst aus dem 19. Jahrhundert stammen. Mit vermutlich englischem Ursprung von lobscouse entlehnt, wurde es möglicherweise über lout's course vom dialektalen lob's course mit der Bedeutung »Speise für derbe Männer oder Flegel« entwickelt. Eine andere Variante stammt vom Fleischstück Lappen, das heißt dem Bauchlappenstück des Rindes, und dem Hinzufügen von Kaus für niederdeutsch »Schüssel, Schale«. Nach anderer Quelle soll der Begriff aus dem Norwegischen für »leicht zu Kauendes« stammen. Möglich erscheint auch eine Herkunft aus dem Baltikum: Die Ausdrücke labs kauss in der lettischen bzw. labas kaušas in der litauischen Sprache bedeuten jeweils »gute Schüssel«.

Man weiß also nichts Genaues. Aber Labskaus gibt es wirklich und – darüber ist sich die Labskaus-Wissenschaft einig – hat seinen Ursprung in den Kombüsen und ihren kulinarischen Widrigkeiten vergangener Jahrhunderte.

Labskaus-Gedicht eines unbekannten Seemanns

Was wäre am Ende, lieber Gott,
die ganze Seefahrt wert,
ständ nicht zuweilen so ein Pott
mit Labskaus auf dem Herd.
Und fragt man einen Seemann mal,
ob Labskaus oder Kuss,
ruft er: »Hier gibt es keine Wahl,
ich bin für beides, Schluss!

Essen an Bord Auf modernen Kreuzfahrten gibt es reichlich Essen. Man hat aus der Geschichte gelernt, dass Essen an Bord oft über Wohl und Weh einer Seereise entscheidet.

Die Tagesration eines portugiesischen Matrosen bestand im 16. Jahrhundert aus etwa 500 Gramm Schiffszwieback, 1,5 Liter Wasser und einem halben Liter Wein am Tag. Drei Stockfische und ein halber Liter Olivenöl als Zusatzproviant mussten für einen Monat reichen. Dafür wurde die »Speisekarte« manchmal, wenn man viel Glück hatte, durch einen Zufallsfang bereichert, der den Passagieren heutiger Kreuzfahrtschiffe verwehrt bleibt, sind doch Steller'sche Seekuh, Brillenkormoran und Karibische Mönchsrobbe ausgestorben.

Schauen wir uns an, wie es im 18. und 19. Jahrhundert auf Schiffen zuging.

Seeleute dieser Zeit rekrutierten sich stets aus der ärmeren Schicht der Landbevölkerung. Ihre Berufe, die sie möglicherweise im zivilen Leben erlernt hatten, sei es Schreiner, Tischler oder vielleicht Schmied, waren auch an Bord von Segelschiffen von elementarer Bedeutung. Die Verlockungen einer geregelten Heuer zogen die einfachen Menschen an, die meist keine berufliche Perspektive in ihrer Umgebung sahen. Manchmal war es auch Abenteuerlust, die aber bei vielen Seeleuten auf Langreiseseglern bald umschlug und zur Routine mutierte.

Die Unteroffiziere, also Maate, rekrutierten sich aus verdienten Mitgliedern einer Schiffsbesatzung. Sie blieben meist an Bord von Schiffen, heuerten also nicht ab. Ihre Aufgabe war es, kleinere Gruppen von Seeleuten zu kommandieren und anzuleiten. Gleichzeitig sollten sie für Disziplin unter der Besatzung sorgen. Sie erfüllten dabei aber auch meist alle Aufgaben, die ein normaler Seemann ausführen musste.

Die Offiziere waren meist Angehörige der mittleren und höheren Bürgerschicht, die aus Abenteuerlust oder anderen Beweggründen zur See fuhren. Viele erträumten sich ein eigenes Patent und ein eigenes Schiff, die meisten jedoch blieben Offiziere. Sie stellten neben dem Kapitän das nautische Personal und setzten disziplinarische Maßnahmen durch, etwa die damals übliche Auspeitschung.

Der Kapitän war der uneingeschränkte Alleinherrscher an Bord eines Seglers. Auf sein Geheiß hin fuhr das Schiff den von ihm befohlenen Kurs. Der Kapitän sollte die Mannschaft disziplinieren, führen, versorgen und schützen. Meist nahm er nur die ersten zwei Aufgaben wirklich wahr. Körperliche Strafen wurden grundsätzlich durch den Kapitän verhängt, im

Logbuch vermerkt und auf seinen Befehl hin durchgeführt. Der gesamte Komplex der Versorgung oblag dem Kapitän. Hier kristallisierte sich die Qualität des Kapitäns heraus. Sorgte er für genügend Nahrung, war er ein guter Kapitän.

Der Smutje Wichtig an Bord, gerade bei Langreiseseglern, war selbstverständlich der Schiffskoch. Bezeichnend sind die verschiedenen mundartlichen Namen für den Schiffskoch: »Smut«, »Smutje«, »Smeer«, »Smeerlapp«. Sie alle bedeuten Schmutz im weitesten Sinne des Wortes. Der Smutje war meist ein älterer Seemann, der die harte Arbeit an Bord eines Segelschiffes nicht mehr bewältigen konnte und als Koch weiter zur See fuhr. Häufig übernahmen auch verletzte Matrosen diesen wenig beliebten Job. Nicht umsonst ist beispielsweise Flint, der Smutje im Buch »Die Schatzinsel«, mit Holzbein dargestellt. Der Smutje saß zwischen den Stühlen: Einerseits musste er das Logis mit dem Essen beliefern, das die Speiserolle vorschrieb, andererseits erwartete die Kabine ebenfalls das ihr zustehende Essen. Da ein Smutje kein gelernter Koch war, passierte es nicht selten, dass die Gerichte, die er kredenzte, alles andere als genießbar waren. Es konnte vorkommen, dass mancher Koch, der nichts von seinem Handwerk verstand, den Unmut der Besatzung zu spüren bekam. Das konnte so weit gehen, dass er über Bord geworfen wurde. Meist aber reichte auch schon eine Tracht Prügel, die häufig von den Offizieren toleriert wurde, denn deren Nahrung war ja ebenfalls ungenießbar, obwohl sie meist besseres Essen bekamen.

Proviant Verderbliche Waren auf einem Langreisesegler des 18. oder 19. Jahrhunderts zu lagern war nahezu unmöglich. Kühlräume waren nicht vorhanden. Obwohl man bereits seit dem Mittelalter wusste, dass Mangelerkrankungen wie etwa Skorbut oder Beriberi auf den Mangel an frischem

Gemüse zurückzuführen war, ließ sich das auf See kaum verhindern. Selbst Zwiebeln und Kartoffeln, die als frische Lebensmittel recht lange haltbar waren, verdarben nach spätestens drei Wochen. Frisches Fleisch wurde ebenso mitgeführt, musste aber bereits in der ersten Woche verbraucht sein. Ein Segelschifftörn nach Chile dauerte allerdings sechs Monate.

Nicht selten führten Langreisesegler lebende Schweine, Hühner oder Ziegen mit sich. In vereinzelten Fällen, abhängig von der Besatzungsstärke, auch mal eine Kuh. Die Tiere ernährten sich von den Abfällen an Bord, von denen es allerdings wenig bis keine gab. Hühner wurden so lang am Leben gelassen, wie sie Eier legten. Schweine wurden geschlachtet, wenn sie zu schwach waren. Das Schlachten an Bord ist jedoch kaum mit einer Schlachtung nach heutigen Maßstäben zu vergleichen. Die Tiere wurden brutal hingerichtet, denn kaum einer der Matrosen war Metzger oder hatte eine vergleichbare Vorbildung.

Hauptbestandteil der Ernährung auf See bei Seglern seit dem Mittelalter war Salzfleisch, Salzfisch oder Stockfisch. Das Haltbarmachen von Lebensmitteln in Salzlake ist ein Verfahren, das schon seit der Antike bekannt ist. Nachteilig ist, dass dem Fleisch durch die Lagerung in einer starken Salzlake beinahe sämtliche Nährstoffe entzogen werden. Hinzu kam, dass manche Schiffer Fleisch von einlaufenden Seglern kauften. So war es gut möglich, dass Salzfleisch schon einmal den Äquator passiert hatte, bis es aufgebraucht wurde.

Getrocknete Erbsen, Linsen und Graupen waren nach dem Verbrauch der frischen Gemüse meist die einzigen pflanzlichen Nahrungsmittel, die an Bord eines Schiffes noch in essbarem Zustand waren. Durch die Trocknung waren sie sehr lange haltbar. Trotzdem verfügten sie nicht über den Nährstoffgehalt und die wertvollen Vitamine frischen Gemüses und dienten so hauptsächlich der Sättigung. Gegen Ende einer mehrmonatigen Reise waren sie meist das einzige noch verbliebene Lebensmittel an Bord.

Wenn es möglich war, nahmen Seeleute auch frisches Brot mit an Bord, meist waren es jedoch nur Mehl und Hartkekse, sogenannter Schiffszwieback. Dieser wurde aus »tweebacken Brodt« hergestellt, also aus Brot, das zweimal ausgebacken wurde. Dadurch war das Brot zwar länger, aber nicht ausreichend haltbar für eine mehrmonatige Schiffsreise. Immer wieder gab es Maden im Brot. Die Seemänner entwickelten ein einfaches, aber wirkungsvolles Verfahren, um die Maden zu entfernen. Da der Keks im trockenen Zustand sowieso nicht essbar war, wurde er erst ausgeklopft und anschließend im Kaffee aufgeweicht, bis die Maden herauskamen. Dann wurden dic Maden aus dem Kaffee geschöpft, und der Keks war essbar. Mit an Bord gebrachtes Mehl diente selten zum Backen, meist wurde daraus ein Mehlkloß oder -pudding gemacht, den die Seeleute sehr mochten, sofern er dem Smut gelang. Mehl musste aber ebenso regelmäßig vom Befall durch Schädlinge befreit werden wie alle anderen Lebensmittel auch.

Getränke Auf Langreiseseglern mussten die Kapitäne stets für ausreichend Trinkwasser sorgen, da das Meerwasser aufgrund des hohen Salzgehaltes dem Körper Flüssigkeit entzieht. Mitgeführt wurde Trinkwasser, das erst nach geraumer Zeit brackig und schlecht werden konnte. Wenn dies der Fall war, wurden die entstandenen Algen durch den Schiffsjungen abgeschöpft, und dem Wasser wurde Natron hinzugegeben.

Die Hamburger Speiserolle schrieb vor, dass jedem Seemann auch eine gewisse Menge Bier zustand. Pro Monat hatte der Seemann Anrecht auf einen Oxhoft Bier, also etwa 50 Liter. Der Alkoholgehalt dieses Bieres lag bei etwa 2 bis 2,5 Prozent, war also eher gering. Das verbreitete Klischee vom Branntwein saufenden Matrosen ist falsch. Natürlich schlugen viele Seeleute nach langen entbehrungsreichen Fahrten über die Stränge, wenn sie im Hafen Landurlaub bekamen. An Bord von Schiffen waren hochprozentige Getränke aber weitestgehend tabu. Die Seemänner selbst beschwerten sich über den Alkohol. So beklagten die Wismarer Seeleute 1851 beim Seeamt: »Die Kapitäne sollten lieber Kaffee ausgeben als geistige Getränke.« In der Folge wurden starke alkoholische Getränke schließlich in den jeweiligen Seemannsordnungen verboten, so zum Beispiel 1854 in der revidierten Hamburgischen Seemannsrolle, in der es heißt: »Niemand von der Mannschaft (darf) Branntwein und sonstige geistige Getränke an Bord bringen.« Natürlich waren die Segler letztlich keine »trockenen Schiffe«, Alkohol wurde weiterhin mitgeführt. Der Seemann Wossidlo konnte in seinem Tagebuch berichten, dass der erste Schnaps stets um sechs Uhr verteilt wurde, also zwei Stunden vor dem Frühstück. Die Ausgabe von Alkohol aber wurde streng kontrolliert, und er galt offiziell als medizinisches Mittel. Selbstverständlich nutzte die Schiffsführung Branntwein auch, um die Mannschaft zu belohnen oder sie zu beschwichtigen, wenn das Essen mal wieder von schlechter Qualität war.

Wo einkaufen? Viele Seeleute erlebten es, dass an Bord akuter Mangel an frischen Lebensmitteln herrschte. Man behalf sich durch das Schlachten mitgeführter Tiere oder angelte. Gegessen wurde aber nicht jeder Fisch. Haie wurden häufig als »Feinde der Seefahrt« zerstückelt und wieder dem Meer übergeben. Tümmler und andere Delfine waren indes sehr beliebt. Niederbordige Segler konnten sich auf Reisen durch die Tropen häufig an Fliegenden Fischen erfreuen, die selbst an Bord sprangen. An Bord von Kap-Hoorn-Seglern stand Albatros auf der Speisekarte, auch wenn der Vogel tranig, zäh und schlecht schmeckend war.

Die meisten Schiffer mussten nach der ersten Hälfte ihrer Reise den Proviant im Verladehafen ergänzen. Hier tauchten gerade bei Langreiseseglern Probleme auf. Entweder war das Angebot an Nahrungsmitteln sehr begrenzt, oder die angebotenen Lebensmittel waren unbekannt. Kaum einer der mitteleuropäischen Matrosen hatte jemals zuvor eine Papaya gesehen, wenn es seine erste Reise auf Übersee war.

Speisen Kapitän und Smutje legten das Essen für die Woche fest. Entscheidend dafür war, was die sogenannte Speiserolle darüber aussagte. Lange Zeit gab es keinerlei Beschränkungen oder Gesetze, erst im ausgehenden 17. und beginnenden 18. Jahrhundert änderte sich die Lage der Seeleute in diesem Punkt radikal. Schiffern war nun, was das Essen betraf, nicht mehr alles erlaubt. Die Hamburger Speiserolle schrieb zum Beispiel vor, dass von sieben Wochentagen nur drei Fischtage sein durften, die anderen mussten Fleischtage sein. Gemüse wie Erbsen, Graupen oder Bohnen sollten abwechselnd gereicht werden. Matrosen hatten das Recht, sich nach Ankunft im Hafen zu beschweren, wenn die Speiserolle nicht eingehalten wurde.

Am wichtigsten war für die meisten Seeleute der Donnerstag, der sogenannte Seemannssonntag. Da wurde häufig der berühmte Mehlkloß oder -pudding zubereitet, der mit Pflaumen und Honig gegessen wurde. Die Zubereitung dieser Klöße wurde meist von der gesamten Mannschaft zelebriert und war gar nicht so einfach, wie der Auswanderer Friedrich Gerstäcker im Jahre 1837 berichtete:

> *»Den ersten Sonntag hieß es plötzlich – Heute Mittag wird Pudding gemacht, jeder muß ihn sich selbst anrühren! – Da wurde Leben auf der Constitution, und alles rannte sich Säcke zu nähen selben noch in Hoffnung seienden Pudding hineinzuthun! Dann wurde Coyenweise d.h. immer für zehn Mann Mehl und Pflaumen sehr reichlich gefasst, selbige mit Butter angeknetet und etwas von unserem Rum dazu gegethan, und dann in Form einer halben Ell – lange und ungefähr 6 Zoll – 7 Zoll im Durchmesser haltende Wurst in den Kessel gethan! – Zu Mittag als wir nun unser Gebäcke auseinander Schnitten wozu wir – immer 10 Mann eine Flasche Syrup bekamen, war das inwendige noch weißer Brei! Das war aber kein Unglück, mit einem Löffel wurde die ungare Masse heraus genommen und in den Sack wieder gebunden, um noch einmal zu kochen.«*

Meuterei Wie wichtig die Ernährung an Bord ist, zeigt ein Blick in die Geschichte. Schlechte und knappe Küche hat noch keinem Schiff Glück gebracht. Der Kapitän der »Discovery« befand sich 1611 auf der Suche nach einem nördlichen Seeweg Richtung China. Er landete in einer Bucht im Norden Kanadas und musste dort überwintern, woraufhin der Proviant knapp wurde. Auf der Heimreise meuterte seine Mannschaft und setzte den Kapitän in einem kleinen Boot in der später nach ihm benannten Hudson Bay aus. Henry Hudson wurde nie wieder gesehen. Auch verdorbene Lebensmittel haben auf einem Schiff nichts zu suchen. Am 27.

Juni 1905 waren es die Matrosen leid, verfaultes Fleisch vorgesetzt zu bekommen. Wenig später brannte Odessa. 6000 Menschen starben. Ihr Aufstand auf der »Potemkin« ging in die Geschichte ein.

Meutereien wie die auf der »Bounty« sind gemeinhin bekannt, ebenso das Schicksal des Protagonisten Christian Fletcher. Sie waren aber nicht alltäglich. Viel häufiger wurden Matrosen bestraft, weil sie geklaut hatten: meist Nahrung.

Noch im 19. Jahrhundert waren Auswanderer angehalten, sich auf der Überfahrt nach Nordamerika selbst zu verpflegen. Nur in Notfällen, wenn die Überfahrt länger dauerte als geplant oder die Vorräte der Passagiere verdorben waren, wurde zusätzlicher Proviant ausgegeben – das sogenannte Captain's Dinner. Heute ist das Dinner mit dem Kapitän ein gastronomisches und gesellschaftliches Ereignis an Bord, meist den besonders betuchten Passagieren vorbehalten. Not macht bekanntermaßen erfinderisch.

Und manchmal wird sogar etwas Gutes daraus – wie beim Labskaus.

Noch ein Labskaus-Gedicht Die Beliebtheit von Labskaus drückt sich auch dadurch aus, dass sich selbst ein Admiral nicht zu schade war, ihm ein Gedicht zu widmen. So verfasste der Kommandant der Cuxhavener Minensuchboote, Fregattenkapitän Friedrich Ruge, später als Admiral erster Inspekteur der Bundesmarine, folgende Ode an »Labskausch« – das »sch« ist gewollt.

Labskausch
Labskausch ist ein Seemannsessen, drum den Hering nicht vergessen.
Rinderpökel gibt Gehalt, plus Kartoffeln, nicht zu alt.
Alles durch den Wolf gedreht, dass es durch die Kehle geht.
Und 'ne Menge Zwiebel macht's Aroma gar nicht übel.
Mit Spiegeleiern, gut gebraten, stimmt der Kalorienladen.
Dazu noch die roten Rüben… Verführerisch!

Mythos Seemann

Da jumpen sie vom Schiff,
die Brust gereckt und voll,
jeder Blick ist schon ein Griff
und sitzt, wie er soll.
Von der Tropensonne gebeizt,
gewürzt vom Biskayawind,
von jedem Mäuschen gereizt,
so wie Matrosen sind.

Das sind die Jungs von der See.
Auf See sind die Freuden nur klein.
Doch an Land blüht der richtige Klee.
Und jedes Mädchen ist wie ein Reh,
und jedes Reh will umgelegt sein. –
Okeh!

Hans Leip

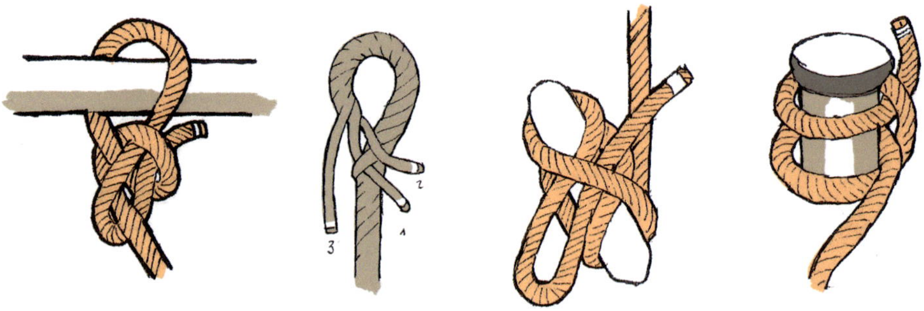

Was fällt Ihnen zum Stichwort Seemann oder Matrose ein? Vielleicht das Meer, die Ferne? Exotik, Segelschiffe und Naturgewalten? Das Hafenmilieu, Rotlichtviertel und viel Rum? Vielleicht noch Hans Albers und Freddy Quinn. Der Seemann und der Matrose aus vergangenen Zeiten sind wie Labskaus ein Mythos. Schillernde Figuren mit bestimmten Charaktereigenschaften, die tief in das kollektive Bewusstsein nicht nur der Norddeutschen eingegraben sind.

Blick seewärts Erst im Kaiserreich richteten die Deutschen ihren Blick seewärts – und lernten die Matrosen kennen. Die Deutsche Nationalversammlung in Frankfurt am Main beschloss 1848 die Initiative zur Errichtung einer deutschen Flotte. Auslöser waren die zunehmenden deutsch-dänischen Auseinandersetzungen um Schleswig-Holstein. Bis zu dieser Zeit kannte man nur an den Küsten und den Hafenstädten Hafenarbeiter, Matrosen und Kapitäne. Dies sollte sich ändern, »der Matrose« wurde ein ganz eigenes Genre.

Unter Wilhelm II. erfuhren um 1878 Schifffahrt, Schiffbau und -handel und der Ausbau der Seestreitkräfte die entscheidenden Impulse. Zu Beginn des 19. Jahrhunderts wurde noch ein wenig schmeichelhaftes Bild von der Seefahrt im Allgemeinen und den Seeleuten im Besonderen gezeichnet. Immer wieder wurde die »fehlende Moral« der Matrosen beklagt, insbesondere deren angebliche Unzucht, ihr Alkoholkonsum, wilde Tanzvergnügungen und Glücksspiele. Sie hatten kein gutes Image und galten als gott- und heimatlos.

Auf die Dauer, lieber Schatz, ist mein Herz kein Ankerplatz Ihr Leben war voll von Abschieden, von allein vergossenen Abschiedstränen, und vor allem von der Angst, dass einer dieser Abschiede der letzte sein könnte. So waren auch die Umstände der Seemannsbräute nicht leicht. Bei genauerem Hinschauen – zum Beispiel auf Postkarten dieser Zeit – fällt auf, dass Matrosen zwar mit Liebe und Erotik als Hahn im Korb, weniger jedoch mit dem Eheleben in Verbindung gebracht werden. Freiheit und Ungebundenheit sind eher aus männlicher Perspektive gedacht. Und so ging es direkt vom Schiff in die Vergnügungsviertel. Interessanterweise werden die Männer als Opfer weiblicher Verführungskunst und nicht als Täter und Ehebrecher hingestellt.

Hinter dem Horizont geht es weiter Der Aspekt der Welterfahrenheit und Exotik hat bereits eine lange Tradition in der Seefahrt. Während der Kaiserzeit erfährt er besonderen Aufschwung durch das Kolonialwesen. Schutzgebiete wie Deutsch-Südwest-Afrika, Kamerun, Togo, Deutsch-

Ostafrika, Teil der Samoa-Inseln usw. standen unter dem »Schutz« des Deutschen Reiches. Ziel war vor allem wirtschaftliche Ausbeutung der Länder, die einheimische Bevölkerung wurde unterdrückt. Zwangsarbeit und Mangelernährung prägten das Bild. Deutschland begriff sich als »Mutterland«, ein Ausdruck extremer Verharmlosung. Die Seemänner gehörten neben den Kaufleuten, Missionaren und Naturforschern zu den wenigen gesellschaftlichen Gruppen, die in die für sie fremde Welt gelangten. Auch hier die Verknüpfung mit dem Exotischen: Die Matrosen liebten die Selbstdarstellung als Liebhaber fremdartiger, dunkelhäutiger Frauen. Die »wahre Liebe« galt natürlich der brav wartenden deutschen Frau. Die sozialdarwinistische, rassistische Einstellung gegenüber den einheimischen Bewohnern der Kolonien verbot es ohnehin, an ernsthafte Partnerschaften zwischen ihnen und den deutschen Besatzern zu denken. Vor diesem Hintergrund konnten sich die Matrosen unbeschadet ihrer Abenteuer rühmen. Dass es dann ausgerechnet Matrosen sind, die nach so viel kaiserlicher Begeisterung und froh gestimmter Flottenpropaganda von Kiel aus die Revolution in Deutschland verbreiten und damit die Abdankung des Kaisers und die Ausrufung der Republik durch Philipp Scheidemann am 9. November 1918 auslösen, ist ein anderes Kapitel.

Seemannslieder Schon in der Grundschule – zumindest im Norden – lernt man die ersten Seemannslieder. Die Shantys entstanden ursprünglich als Arbeitslieder in der Zeit der großen Segelschiffe. Bei der eintönig anstrengenden Arbeit der Mannschaft gewährleisteten Lieder einen gleichmäßigen Arbeitstakt, wie zum Beispiel beim Ankerholen, und sie hielten die Matrosen bei Laune. In den Texten blitzt häufig das Bild des leidenden Seemanns auf. Seinen »Sitz im Leben« hatte das Shanty also eindeutig an Bord der Segelschiffe. Heute gibt es mehr als 300 Shantychöre in Norddeutschland.

Die Seemannslieder wurden landseitig für oder über Seeleute geschrieben und dienten der Unterhaltung und der Selbstdarstellung der Marine. Einer der Autoren ist Heinrich Schacht – das von ihm 1860 herausgebrachte Liederbuch »Seemanns Liedertafel« erlebte bis 1903 zwölf Auflagen.

Der Ton: lustig, fröhlich, fidel, der gesellige Seemann, der uns vergnügt und zufrieden entgegenlacht. In Hamburg und Berlin entstand zu dieser Zeit sogar eine eigene maritime Liedkultur.

Die seltsame Mischung von Heldentum und Amüsement findet sich in den Schlagern jener Zeit wieder. »Das kann doch einen Seemann nicht erschüttern«, schmetterte Heinz Rühmann 1939 im Film »Paradies der Junggesellen«. Bis in die 1960er Jahre fanden maritime Schlager großen Anklang beim Publikum. Hans Albers wanderte auf der Reeperbahn nachts um halb eins, und Freddy Quinn schluchzte fernwehkrank ins Mikrofon. Ohrwürmer bis heute.

Unter den vielen Sängerinnen und Sängern maritimer Lieder stechen zwei Künstler besonders hervor: Lale Andersen und Freddy Quinn. Heimweh, Fernweh und das Sehnsuchtsmotiv »Junge, komm bald wieder« zeigen uns einerseits einen Seemann, der das Heim verlässt, weil er sich vom Meer unwiderstehlich angezogen fühlt, und andererseits seine daheim gebliebene Mutter, die ihren Jungen wieder und wieder anfleht, zurückzukehren. Er fühlt sich jedoch auf See so wohl, dass er gar nicht daran denkt, nach Hause zu kommen, er ist ein freier Seemann. Die »Lilly Marleen« im Zweiten Weltkrieg von Lale Andersen besingt das gleiche Thema. 1959 ist die Schwedin mit ihrem Lied »Ein Schiff wird kommen« sehr erfolgreich, es wird in Deutschland ein Hit. In ihrem Song erfahren wir, wie Matrosen wirklich sind: Sie schmecken nach Salz und nach Teer, sie lachen und sie küssen – und die Frauen warten sehnsüchtig an Land auf deren Wiederkehr.

LABSKAUS-HOCHBURGEN

Labskaus in Norddeutschland, auf den Britischen Inseln und in Nordeuropa

Labskaushochburgen

Labskaus gehört unbestritten zu den kulinarischen »Heiligtümern« der Küstenregionen des Nordens. Von keinem norddeutschen Gericht wird so viel Aufhebens gemacht wie von diesem ganz speziellen Eintopf, der gar nicht wie einer aussieht, eher wie ein leicht rosafarbener Kartoffel-Fleisch-Brei. Studiert man historische Quellen und Kochbücher und spricht mit Regionalhistorikerinnen, wird man ganz dösig im Kopf. Jeder hat eine andere Ansicht dazu, was in seiner Region das Labskaus von dem der Nachbarin unterscheidet. Labskaus ist und bleibt ein Mischmasch.

Klein gehackter Hering gebe dem Labskaus erst das richtige maritime Aroma, steht in einigen alten Kochbüchern. Alte Seeleute rufen empört »Verfälschung«. Halten wir fest: Der Streit darüber, was nun genau in ein »richtiges« Labskaus hineingehört, ist so alt wie die christliche Seefahrt.

An der Nordsee in Hooksiel stießen wir auf ein Rezept, das ein Koch von seinem Vater bekam, der es einem Fischhändler abgeluchst haben soll, der es wiederum von einem Marineoffizier erhalten hatte. Hier finden sich neben der klassischen Rinderbrust noch gepökelter Schweinebauch und Schweineschmalz abgerundet mit einer Prise Cayennepfeffer und gemahlener Muskatnuss.

In Ella Orths »Praktischem Kochbuch für die schleswig-holsteinische Küche« aus dem späten 19. Jahrhundert finden sich zwei Labskausvarianten: einmal mit Schweinefleisch (sehr fett soll es sein), Wasser, viel Zwiebeln, Salz und Pfeffer. In der zweiten Variante empfiehlt sie halb Schwein, halb gepökeltes Rindfleisch und Salzheringe, und es kommen noch Salzgurken, Kümmel und Weinessig zum Einsatz.

Es soll sogar eine nordfriesische Art des Mischmasches geben, behaupten einige Quellen. Nur, der nordfriesische Mischmasch entpuppt sich bei genauerem Hinsehen als: So wird es überall im Norden zubereitet. Ähnlich verhält es sich mit Mecklenburger oder Schleswig Holsteiner Labskaus.

Überall an der Küste und auf den Inseln spielt Labskaus eine mehr oder weniger große Rolle, überall finden sich Varianten, aber keine Variante ist einer bestimmten Region gesichert zuzuordnen.

Bremen und Bremerhaven Wie an zahlreichen Orten im hohen Norden zählt Labskaus auch in Bremen zu den traditionellen Speisen. Obwohl das Gericht oft nicht besonders attraktiv auf dem Teller aussieht, darf es in keinem gutbürgerlichen Restaurant der Hansestadt auf der Speisekarte fehlen. Gereicht wird Labskaus in Bremen immer mit Gewürzgurke, Roter Bete und Spiegelei. Ob zu einem typischen Bremer Labskaus nun Corned Beef gehört oder gepökeltes Rindfleisch, oder ob es mit oder ohne Fisch angereicht wird, ist in der Stadt bis heute umstritten.

Es gibt klassische Rezepte, aber auch welche in Kombinationen mit gepökeltem Schweinefleisch und Klippfisch – getrocknetem und gesalzenem Kabeljau. Aber wie bei allen traditionellen Gerichten gibt es nicht das eine richtige Rezept, sondern viele verschiedene Zubereitungsarten. Die Bremerinnen und Bremer nehmen es hanseatisch gelassen, jeder darf seine Meinung haben – Hauptsache, es gibt Labskaus.

Hamburg Die einen begegnen Labskaus mit Abscheu, die anderen lieben den Brei – aber alle denken, das Gericht sei ursprünglich aus Hamburg. Vor allem die Hamburger und Hamburgerinnen selbst. Ach, Hamburg. Tor zur Welt und Erfinderin des weltberühmten Labskaus? Bis heute preist die Hansestadt Labskaus als regionale Spezialität und touristische Attraktion der Stadt. Dabei liegt der genaue Ursprung der rosa Masse mit Spiegelei, Roter Bete, saurer Gurke und fischiger Beilage im Nebel, vermutlich aber in Norwegen und Liverpool. Die Hanseaten hingegen – ob nun aus Hamburg, Bremen oder Lübeck – waren an der Erfindung nicht direkt beteiligt, und bis vor 100 Jahren kam das Armeleuteessen in gutbürgerlichen Hamburger Kreisen auch nie auf den Tisch. Man aß nicht wie der einfache Matrose und Seemann.

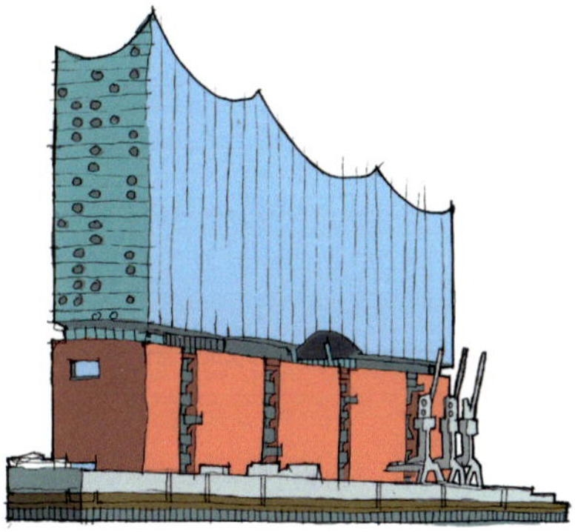

HAMBURG

Irgendwann erinnerte man sich aber auch in den gehobenen hanseatischen Kreisen an das alte Seefahrergericht, fing an, in romantischen Verklärungen an längst vergangene Zeiten der Großsegler zu denken, und machte Labskaus zur Hamburg-Spezialität.

Da wir uns den norddeutschen Orten und Rezepten, traditionell und modern im zweiten Teil des Buches ausführlich widmen (siehe S.79ff.), wenden wir hier den Blick zügig und ausführlich auf die nordwest- und nordeuropäischen weiteren Länder und Orte, in denen Labskaus – in der einen und anderen Art der Ausprägung – zu Hause ist.

Wales Croeso y Gymro, das heißt »Willkommen in Wales«, so lesen wir es auf Schildern, sobald wir England hinter uns lassen. Der walisische Name für Labskaus lautet Lobsgaws, ausgesprochen: »Lobsgaus«. In walisischen Wörterbüchern finden wir die Erklärung, dieses Wort sei aus dem Norwegischen übernommen. In norwegischen Wörterbüchern wiederum, denn auch in Norwegen gibt es Labskaus, heißt es, das Wort stamme aus dem Niederdeutschen. Und dort wird erneut nach Norwegen verwiesen. Was es also ursprünglich bedeutet, scheint niemand

zu wissen. Das walisische Labskaus hat wenig Gemeinsamkeiten mit dem norddeutschen, schmeckt aber genauso gut – und wird ebenso bedichtet! Hier von der Schriftstellerin und Theatermacherin Ness Owen, die auf der Insel Ynys Môn lebt:

Lobsgaws

Nain is boiling the bones of
some unfortunate creature
on tip toes I peer into
the shineless pot
blue and smooth they
bob up and down like
they're fighting for their
last chance to escape
She says I'm as deep as
the ocean when I ask
what animal they're from
lifts my chin with warm
crooked fingers
there are some things
we don't need to know
at the window I watch
steam drops falling
stopping some half-
way like I'm their god
she quietens me in a
language of side-glances
with onions, carrots,
rwdan she silences the pot.

Lobsgows

Nain kocht die Knochen
irgendeines unglücklichen Geschöpfs
auf Zehenspitzen luge ich in
den glanzlosen Topf
blau und glatt hüpfen
sie auf und ab, als ob
sie um die
letzte Fluchtmöglichkeit kämpfen
Sie sagt, ich sei so tief
wie der Ozean, als ich frage
von welchem Tier sie stammen
hebt mein Kinn mit warmen
krummen Fingern
es gibt Dinge
die wir nicht wissen müssen
am Fenster sehe ich zu
wie Dampftropfen fallen
auf halber Strecke innehalten
als wäre ich ihre Göttin
sie lässt mich verstummen in einer
Sprache aus Seitenblicken
mit Zwiebeln, Möhren,
Rwdan bringt sie den Topf zum Schweigen.

Die walisischen Wörter im Gedicht: Nain = Oma, rwdan = Steckrübe, und Lobsgows = natürlich Labskaus.

Ein echtes Lobsgows-Rezept aus Wales

Man nehme (für zwei Personen)

1 Möhre, oder ein Stück Steckrübe, wenn man bei dem Gedicht von Ness Owen bleiben will
2 mittelgroße Zwiebeln
5 mittelgroße mehlig kochende Kartoffeln
300 g Lammfleisch, egal, welches Stück, es gibt aber einen extra feinen Geschmack, wenn ein Knochen dabei ist
sehr viel frisch gemahlenen **schwarzen Pfeffer**, eine **Prise Salz**
zwei Spritzer **Worcestersauce**, einen **Brühwürfel**

Zubereitung

- Zwiebeln, Möhre und Kartoffeln schälen, klein schneiden und in einen Topf geben.
- Das Fleisch in mundgerechte Stücke schneiden und überflüssiges Fett abtrennen.
- Die Fleischstücke von allen Seiten leicht anbraten und zum Gemüse in den Topf geben.
- Heißes Wasser in den Topf gießen, sodass alles gut bedeckt ist, den zerkrümelten Brühwürfel dazugeben und alles zum Kochen bringen. Salz, Pfeffer und Worcestersauce hinzufügen.
- Auf mittlere Hitze stellen, den Deckel auf den Topf legen und das Lobsgows für 1½ bis 2 Stunden köcheln lassen.
- Ab und zu umrühren, damit es nicht am Topfboden klebt oder anbrennt. Ist ein Knochen dabei, diesen nach der halben Kochzeit entfernen.
- Wenn Kartoffeln und Möhre richtig mehlig sind und das Fleisch weich und zart, ist das Lobsgows fertig.
- Auf Teller füllen, servieren und den Geschmack von Wales genießen!

Mwynhewch eich bwyd! Genießen Sie Ihre Mahlzeit!

Das war jetzt eines von unendlich vielen Lobsgaws-Rezepten, die sich oft nur durch Kleinigkeiten unterscheiden. Ness Owen erzählt uns, dass sie noch nie die norddeutsche Variante gesehen oder gar gekostet habe, aber sie sei sicher, ihre Familie wäre begeistert. »Die meisten Leute hier haben ein Familienrezept, und dabei bleiben sie. Und alle sind davon überzeugt, dass ihr Rezept das einzig wahre ist. Ich würde zum Beispiel gern Pastinaken verwenden, aber mein Mann ist entsetzt, wenn ich das nur erwähne. Er isst Pastinaken eigentlich gern, aber ein Lobsgaws mit Pastinaken hat den Namen Lobsgaws nicht verdient.« In anderen Familien werden nicht nur die Gemüsesorten ausgetauscht, sondern auch das Fleisch. Es wurde schon Lobsgaws mit Rindfleisch gesichtet, und sogar Schweinefleisch kommt bisweilen zur Anwendung.

Einer der bedeutendsten walisischen Romane des 20. Jahrhunderts heißt »Un nos ola leuad« – »Eine Vollmondnacht«. Geschrieben hat ihn Caradog Prichard aus Bethesda in Gwynedd in Nordwales, also im walisischen Lobsgaws-Zentrum. In dem Roman wird in einer wichtigen Szene Lobsgaws verzehrt. Der Roman wurde in viele Sprachen übersetzt, auf Deutsch erschien er 1995 unter dem Titel »In einer mondhellen Nacht«. Für die deutsche Fassung wurde die englische Übersetzung des walisischen Originals ins Deutsche übersetzt, und das geht selten gut. Dort hieß das Gericht dann »Labskaus«, und die deutschen Leserinnen und Leser, von denen die meisten keine Ahnung von den walisischen Lobsgaws-Feinheiten hatten, staunten gar sehr über das Labskaus mit Knochen. Wenn also in Übersetzungen aus anderen Sprachen »Labskaus« auftaucht, ist so gut wie immer etwas ganz anderes gemeint als das norddeutsche Labskaus.

Nicht nur Familien in Wales haben ihr jeweils eigenes Lobsgaws, auch viele Orte haben ihre Spezialitäten, behalten diese aber meist für sich. Einfach in ein Restaurant zu gehen und zu erwarten, dass Lobsgaws auf der Speisekarte steht, das klappt so gut wie nie.

Der walisische Romanautor Giancarlo Gemin lässt die Personen in seinem Roman »Café Morelli« (2016 auf Deutsch erschienen) einen »walisischen Eintopf« essen. Auf die Frage, was das für ein Eintopf gewesen sei, antwortet er: »Vermutlich Lobsgaws, es könnte aber auch Cawl sein, was viele Leute mit Lobsgaws verwechseln.«

In Nordwales bezeichnet Lobsgaws (manchmal auch Lobscouse) zumeist einen Lammeintopf, sehr häufig auch Cawl genannt. Cawl gilt als walisisches Nationalgericht. Er wird meistens ohne weitere Gänge serviert und enthält Lamm und Porree, die eng mit der walisischen Kultur verbunden sind.

Bethan Hughes, Bibliothekarin und Kennerin der walisischen Küche, sagt: »Lobsgaws kenne ich gut. Meine Mutter und meine Schwester kochen das regelmäßig. Es ist ein ziemlich billiger Eintopf aus Kartoffeln, Fleisch und Gemüse mit einer Brühe. Angeblich schmeckt es würziger, wenn man es am nächsten Tag noch einmal aufwärmt und wenn man *Lea-and-Perrins*-Sauce dazugibt.« Das ist eine besonders würzige Art von Worcestersauce. »Ich muss zugeben, ich bin kein Fan von Lobsgaws – ich finde es fade –, aber ich esse es, wenn nichts anderes zu haben ist. Wir kochen es in der Regel mit Rindfleisch, Kartoffeln, Möhren, Zwiebeln, manchmal auch mit Steckrüben.«

Über die Herkunft des Namens wird auch hier spekuliert, aber die meisten Gewährsleute in Wales machen sich die Sache einfach: Sie verweisen auf das Lobscouse aus Liverpool und erklären, den Namen von dort übernommen zu haben. Walisische Kochbücher behaupten gern, Lobsgaws sei von Seeleuten aus Norddeutschland nach Norwegen gebracht worden, von Norwegen nach Liverpool und von Liverpool nach Wales.

Es gab schon im 19. Jahrhundert eine fleischlose Lobsgaws-Variante, weil viele Menschen zu arm waren, um sich Fleisch leisten zu können. Weil nur die Armen vegetarisches Lobsgaws aßen, bekam es den Namen »Lobsgaws Troednoeth«, Barfuß-Labskaus. Es wurde manchmal auch »Sgows Dall« genannt, blindes Scows, weil durch das fehlende Fleisch keine Fettaugen in der Brühe schwammen.

Bleibt das ominöse Cawl. Im Walisischen bedeutet »cawl« einfach nur »Suppe«, im Englischen dagegen ist es ein walisisches Gericht, das sich eigentlich nur durch den Namen vom Lobsgaws unterscheidet – und offenbar gibt es eine unsichtbare Lobsgaws-Cawl-Grenze, die sich mitten durch Wales zieht. Im Norden speist man Lobsgaws, im Süden Cawl. Es gibt im Walisischen die Redensart *gwneud cawl o rwybeth*, wörtlich übersetzt: aus etwas Cawl machen, und es bedeutet: *ein gewaltiges Durcheinander anrichten*. Was auf die Lobsgaws-Cawl-Frage zweifellos zutrifft.

Gern wird auf Liverpool und das dortige Scouse verwiesen. Das sagt ein walisischer Koch: »In Liverpool ist es eine Art Eintopf, mit Lammfleisch, normalerweise nicht die besseren Teile, Kartoffeln und Gemüse. Und da Liverpool sozusagen die Hauptstadt von Nordwales ist, ist es auch bei uns so.«

Schauen wir nach Liverpool. Dort essen sie also »Scouse« und behaupten, Namen und Gericht aus Norwegen beziehungsweise aus Norddeutschland bekommen zu haben.

Liverpool In englischen Kochbüchern finden wir Scouse als Liverpooler Spezialität. Ursprünglich, so heißt es, war Scouse ein Gericht für Arme, ein Eintopf aus Gemüse und Fleischresten. Es wurde so stark mit Liverpool assoziiert, dass Leute aus Liverpool noch heute als »Scousers« bezeichnet werden. Es gibt sogar ein Fan-Lied des FC Liverpool: »We're not English, we are Scouse!«

Vom Scouse gab und gibt es auch eine fleischlose Variante, ursprünglich für Menschen, die so arm waren, dass sie sich nicht einmal das Armeleuteessen Scouse leisten konnten. Und wie in Wales heißt die fleischlose Version »Blind Scouse«, blindes Skaus.

Immer wieder hören wir in Liverpool, das Scouse sei skandinavischen Ursprungs oder aus Norddeutschland. Zeigt man dann ein Foto von Hamburger Labskaus, ist das Staunen groß, da es keine Ähnlichkeit mit dem Liverpooler Scouse hat. Eine interessante, doch leider nicht besonders überzeugende Erklärung ist, dass die skandinavischen Seeleute in Liverpool »Scanwegians« genannt wurden, das wurde zu »Scowegians« zusammengezogen, und daraus sei das »scouse« von Lobscouse geworden. Woher das »Lob« kommt, bleibt in dieser Erklärung ungesagt. Der FC Liverpool hat nicht nur ein Scouse-Lied, er steht fest zum Liverpooler Nationalgericht und teilt auf seiner Website mit, dieses sei das einzig wahre Scouse-Rezept:

Scouse à la FC Liverpool

Man nehme (für vier Personen)

4 EL Olivenöl
700 g Nackensteak vom Rind, klein geschnitten
2 Lorbeerblätter
1 Zweig Thymian
400 g klein geschnittene Zwiebel
350 g klein geschnittene Steckrübe
350 g klein geschnittene Möhren
600 g geschälte und klein geschnittene Kartoffeln
500 ml Bitter (die Biersorte)
1,2 l Rinderbrühe

Zubereitung

- Das Öl in einem großen Kochtopf bei mittlerer Hitze ungefähr 1 Minute lang heiß werden lassen.
- Das klein geschnittene Fleisch hinzugeben und ab und zu umrühren. Damit so lange weitermachen, bis das Fleisch auf allen Seiten gleichmäßig braun ist. Mit Salz und Pfeffer würzen.
- Die Zwiebeln hinzugeben und einkochen lassen.
- Das Bitter hinzugeben und kochen lassen, bis sich die Flüssigkeit um die Hälfte reduziert hat.
- Möhren, Rüben und Kartoffeln hinzugeben, gefolgt von Lorbeerblättern und Thymianzweig.
- Dann die Rinderbrühe darüber gießen, aufkochen und eine halbe Stunde lang köcheln lassen.
- **Im Boot Room Sports Café wird das Scouse mit eingelegter Roter Bete, eingelegtem Weißkohl und Weißbrot mit Butter serviert.**

Während Liverpool für die einen die Hauptstadt von Nordwales ist, gilt es für andere beinahe als Teil von Irland. Viele durch Hungersnöte zur Auswanderung getriebene Iren blieben in Liverpool; noch heute gibt es dort eine große irische Gemeinde. Die eher seltene Behauptung, Labskaus wäre in Liverpool wohl irischen Ursprungs, wird dort jedoch energisch zurückgewiesen. In Irland gibt es Irish Stew, das, wenn man genauer hinschaut, große Ähnlichkeit mit dem Liverpooler Scouse hat, und auch beim Stew gibt es jede Menge Varianten, von denen jede Familie auf die ihre schwört. Aber von Irish Stew ist hier schließlich nicht die Rede. Auf Irisch heißt der übrigens »Stobhach Gaelach«, also keine Spur von Labskaus-Anklängen.

Eine Gewährsfrau, die von Liverpool nach Dublin ausgewandert ist und sich noch nach vielen Jahren dort als »Scouserin« bezeichnet, gibt zu, dass sie froh ist, nie mehr Scouse essen zu müssen, weil es das in Dublin eben nicht gibt. Nur die Liebe zu eingelegter Roter Bete hat sie mit in die neue Heimat genommen.

Irland ist also Labskauswüste. Und wenn wir von Liverpool nach Norden schauen und unsere Hoffnungen auf Schottland setzen? Ebenfalls Fehlanzeige, kein Labskaus weit und breit, jedenfalls nichts, was so heißt. Es gibt das alte Seemannsgericht »Corned Beef Hash«, das wie Lobscouse zubereitet wird, aber mit Corned Beef statt frischem Fleisch.

Scouse wird nicht besonders viel bedichtet, aber es gibt ein schönes Seemannslied, das von dem berüchtigten Heuerbaas Paddy West aus Liverpool handelt. Wie alt es ist und wer es geschrieben hat, ist unbekannt, seit der Mitte des 19. Jahrhunderts wird es in Liedersammlungen und Seemannsromanen erwähnt.

Paddy West – eine Liverpooler Seemannsballade

As I was a-walkin' down London Road,
I came to Paddy West's house.
He fed me a dish of American hash
and he called it Liverpool scouse.
He said: »There's a ship that is wantin' hands,
and on her you quickly can sign.
Her mate is a tyrant, the bos'n's worse,
but she will suit you fine.

Refrain:
Put on your dungaree jacket,
and walk on looking your best,
and tell them that you are a poor sailor lad
that's come from Paddy West.

Well, when he had me fed, my boys,
the wind began to blow;
he sent me up in the attic,
the main-royal for to stow.
But when I was up in the attic
No main-royal could I find.
So I turned around tot he window
And I furled the window-blind.

Now Paddy he piped all hands on deck,
their stations fort o man.
His wife she stood in the doorway
With a bucket in her hand;
And Padd sings out: »Now let her rip!«,
and she flung the water our way.
Sayin' »Clew up your fort'gans'l, boys,
she's takin' in the spray.

Als ich durch die London Road ging,
kam ich zu Paddy Wests Haus.
Er gab mir einen Teller amerikanisches Hash
und nannte es Liverpool Scouse.
Er sagte: »Da liegt ein Schiff, das Leute braucht,
die nehmen dich sofort.
Der Maat ist ein Tyrann und der Bootsmann
noch schlimmer, aber du wirst zufrieden sein.«

Refrain:
Zieh deine Jeansjacke an,
sieh so gut aus, wie du kannst, und sag ihnen,
du bist ein armer Seemann und
kommst von Paddy West.

Als er mir etwas zu essen gegeben hatte,
kam Wind auf.
Er schickte mich auf den Dachboden hoch,
um das Groß-Royalsegel zu trimmen.
Aber als ich oben ankam,
konnte ich kein Segel finden.
Also drehte ich mich zum Fenster
und rollte die Jalousie auf.

Dann pfiff Paddy alle an Deck,
wo wir unseren Platz einnehmen mussten.
Seine Frau stand in der Tür,
mit einem Eimer in der Hand.
Und Paddy rief: »Und jetzt segeln wir los«,
und sie goss das Wasser in unsere Richtung
und sagte: »Das Bramsegel aufgeien, Jungs,
sie nimmt Gischt auf.«

Now seein' we're off to the south'ard, boys,
to Frisco she was bound.
Old Paddy he called for a length of rope
And laid it on the ground.
And we all stepped over and back again,
say Paddy to me »That's fine.
Now when they ask if you've been to sea,
you can say you've crossed the line.«

Es ging jetzt südwärts, Frisco war ihr Ziel.
Der alte Paddy rief nach einem Stück Seil
und legte es auf den Boden.
Und wir traten alle darüber und zurück,
und er sagte zu mir: »So ist es gut.
Wenn sie dich jetzt fragen, ob du zur See
gefahren bist, kannst du sagen,
dass du die Linie überquert hast.

Now there is only one thing for you
To do before you sail away.
That's to step around the table
Where the bullock's horn does lay.
And when they ask you »Were you ever
at sea«,you can say:
»Ten times round the Horn.
And Bejasus you're a sailor since
The day that you was born.«

Und nun steht nur noch eins aus,
ehe du lossegelst.
Geh jetzt um den Tisch herum,
wo das Stierhorn liegt.
Und wenn sie dich fragen: Bist du je zur See
gefahren, kannst du sagen:
Zehnmal ums Horn.
Und bei Jesus, du bist ein Seemann, seit dem
Tag deiner Geburt.«

(Wer die Ballade gern hören möchte, dem empfehlen wir die kanonische Version der irischen Clancy Brothers – leicht z. B. auf YouTube zu finden)

Dieses schöne Lied ist in vielen Varianten belegt, die bekannteste ist wohl die aus der Sammlung von Stan Hugill (1906–1992). Er war ein englischer Liedersammler, der selbst zur See gefahren ist, unter anderem war er auf dem letzten englischen Handelssegler, der »Garthpool«, die 1929 bei den Kapverdischen Inseln kenterte. In den 50er Jahren fuhr er auf der »Pamir«, weil er wissen

wollte, was dort gesungen wurde. Im Gegenzug sollte er den Matrosen der »Pamir« ein paar schöne »Shanties« beibringen. Vor Hugills Zeit wurde dieses Wort in England meistens »Chanties« geschrieben, weil aber Hugill trotzig auf der der Aussprache näheren Schreibweise »Shanties« beharrte, hat sich diese am Ende durchgesetzt.

In diesem Lied gibt es eine Menge zu erklären. Die London Road war eine Straße in Liverpool mit vielen Geschäften, Kneipen und Logierhäusern, auch dem von Paddy West. Die »Linie«, von der die Rede ist, ist der Äquator, das Horn ist Kap Hoorn. Die Fahrt um Kap Hoorn an der Spitze Südamerikas war ungeheuer stürmisch und deshalb gefürchtet. Ein Seemann, der zehnmal das Horn umrundet hatte, verfügte also über große Erfahrung. Wenn ein Schiff von Liverpool nach San Francisco unterwegs war, musste es in der Zeit vor 1914, ehe der Panamakanal fertiggestellt wurde, unweigerlich um Kap Hoorn herum. Ein erfahrener Kap Hoorner war da eine gefragte Fachkraft. Nun sprach es sich herum, dass Paddy West ein Schurke war, ohne Papiere, aber mit einer Empfehlung von ihm anzuheuern führte zweifellos und geradewegs auf ein Totenschiff. Dass Paddy West ein übler Betrüger war, zeigt sich schon in der ersten Strophe, als er »American Hash« serviert und es »Liverpool scouse« nennt (wenn das Lied gesungen wird, wird »Liverpool scouse« immer laut und voller Verachtung gebrüllt).

American Hash wird beschrieben als Gericht aus zerhackten Fleischresten, Kartoffeln und Zwiebeln, das ganze Gemisch wurde gebraten. Der Name stammte vom französischen »hacher«, zerhacken, wir kennen ja das Fremdwort Haschee. Das American Hash war eine Resteverwertung, die billigen Restaurants in den Hafenstädten wurden deshalb zu Lebzeiten Paddy Wests auch »hash house« oder »hashery« genannt.

Das alles wusste der arme frisch eingetroffene Ire natürlich nicht.

Den tückischen Paddy West hat es wahrscheinlich wirklich gegeben, mit bürgerlichem Namen hieß er wohl Paddy Doyle. Wobei es in Liverpools irischem Viertel mehrere Paddys gab, die nach der geografischen Lage ihrer Häuser bezeichnet wurden. Sie standen in schlechtem Ruf. Sie zogen ihren Mietern das Geld aus der Tasche, ließen munter anschreiben, und wenn nach ein paar Wochen der arme Seemann pleite war und die Zeche nicht zahlen konnte, wurde er zu einem Kapitän geschickt, der seinerseits in so schlechtem Ruf stand, dass kein Seemann freiwillig bei ihm anmusterte. Paddy West, wie er hier beschrieben wird, bewies aber noch weitergehenden Geschäftssinn, da er den von ihm vermittelten Seeleuten gefälschte Bescheinigungen über ihre Fahrzeit ausstelle. Aber auch das sprach sich herum, und so gab es in der zweiten Hälfte des 19. Jahrhunderts den Spitznamen »Paddy Wester« für einen absolut unfähigen Seemann. Es kann aber auch andersherum gewesen sein, zuerst war der Spitzname da, und als sich niemand mehr erinnern konnte, woher der stammte, wurde das schöne Lied über Paddy West als Erklärung ersonnen. So oder so, alles fing an mit dem gefälschten Liverpool Scouse!

Labskaus in Norwegen Norwegen ist das absolute Labskausparadies, das muss an dieser Stelle gesagt werden. Aber nicht deshalb ist hier die Rede vom seligen Labskaus – im Norwegischen gibt es die Redensart »en salig labskaus«, also, ein seliges Labskaus. Gemeint ist ein totales Durcheinander. Wir kennen das ja schon aus Wales und der Sache mit dem Cawl. Das Paradiesische aber ist, dass es in Norwegen gleich zwei Labskäuse gibt, eine helle und eine dunkle Variante. Keine davon hat Ähnlichkeit mit dem uns aus Norddeutschland bekannten Labskaus, und doch heißen beide so.

Die beiden norwegischen Labskäuse bestehen vor allem aus Kartoffeln. Das helle Labskaus, lys labskaus, enthält darüber hinaus noch Schinken oder Corned Beef und Porree. Das alles wird in einen Topf gegeben und ab und zu umgerührt, bis ein dicker Eintopf entstanden ist. Das dunkle Labskaus, brun labskaus, also eigentlich braunes Labskaus, enthält meistens Rindfleisch, es gibt aber auch Varianten mit Rentierfleisch, Geflügel oder sogar Walfleisch. Helles Labskaus gibt es vor allem in Frühling und Sommer, dunkles in Herbst und Winter, vielleicht also bezieht sich der Name auch darauf, ob man es bei Tageslicht verzehrt oder in der winterlichen Finsternis.

Man bekommt Labskaus oft als Tagesgericht in Lokalen, die Hausmannskost auf der Speisekarte haben. Hausmannskost heißt auf Norwegisch fast genauso, husmannskost. In Wörterbüchern steht, das Wort sei aus dem Deutschen übernommen worden. Aber »husmann« ist zugleich auch die Bezeichnung für einen Kleinbauern, der keinen eigenen Besitz hatte, sondern von einem Gutsherrn ein Stück Land pachtete und dafür mit Geld und mit Hand- und Spanndiensten bezahlen musste, ins Deutsche übertragen wären das Instleute. Den Husmenn, wie der korrekte Plural lautet, ging es entsprechend dreckig, sie waren sehr arm und rechtlos; selbst das günstigere helle Labskaus konnten sie sich nur selten leisten. Und wenn, dann nahmen sie keinen fetten dänischen Dosenschinken, wie er heute bei der norwegischen Labskauszubereitung als unerlässlich gilt, sondern die Fleischreste, die sie gerade auftreiben konnten.

Auf Reisen kann es ungeheuer kommunikationsfördernd sein, ein Foto von deutschem Labskaus bei sich zu haben. Das norwegische wird serviert, man kostet, sagt »oh, wie lecker« und zeigt dann das Foto: »So sieht Labskaus übrigens bei uns aus!« Der Wirt ist meistens hingerissen, oft kommen die Gäste von den anderen Tischen und wollen wissen, was da so bestaunt wird, und schon ist das Gespräch in Gang, und manchmal springt sogar ein selbst gebrannter Schnaps dabei heraus.

Zwei Labskausrezepte aus Norwegen
Helles Labskaus (Hilft angeblich auch gegen Erkältung.)

Man nehme (für vier Personen)

600 g leicht gesalzenes Schweinefleisch oder durchwachsenen Speck ohne Schwarte, in Würfel geschnitten
700 ml Wasser oder Gemüsebrühe
800 g Kartoffeln
200 g Steckrübe
200 g Möhren
100 g Sellerieknolle
½ Porreestange
Kartoffeln und Gemüse, kleingeschnitten
1 TL Salz, 1 TL frisch gemahlenen Pfeffer, Petersilie

Zubereitung

- Fleisch in einen Topf geben und mit dem Wasser oder der Gemüsebrühe bedecken.
- Aufkochen lassen und den dabei entstehenden Schaum abgießen.
- Die Hitze herunterdrehen und alles ca. 45 Minuten köcheln lassen, bis das Fleisch zart ist.
- Gemüse und Kartoffeln dazugeben, weitere etwa 20 Minuten kochen, bis alles weich ist.
- Mit Salz und Pfeffer abschmecken.
- Vor dem Servieren mit Petersilie bestreuen.

Dunkles Labskaus

Man nehme (für vier Personen)

800 g Rindfleisch ohne Knochen
2 EL Butter zum Braten
1 l Wasser
1 Brühwürfel
800 g Kartoffeln
3 Möhren
150 g Steckrüben
Kartoffeln und Gemüse, kleingeschnitten
1 TL Salz, ½ TL Pfeffer

Zubereitung

- Fleisch in Scheiben schneiden und in Butter anbraten.
- Das Fleisch in einen Kochtopf geben und mit Wasser und Brühwürfel übergießen.
- Aufkochen lassen, dann auf kleiner Flamme ca. 2 Stunden köcheln lassen.
- Kartoffeln und Gemüse in einen mittelgroßen Topf geben.
- Fleisch und ¾ der Brühe vom Köcheln dazugeben. Wenn nicht mehr genügend Brühe übrig ist, mit Wasser aufgießen, je nachdem, ob man das Labskaus eher flüssig oder eher fest wünscht. Aufkochen lassen und köcheln, bis das Gemüse weich ist. So wenig wie möglich umrühren, damit aus dem Labskaus keine Suppe wird.
- Mit Salz und Pfeffer abschmecken.

Das norwegische Labskaus, ob hell oder dunkel, ist in Norwegen zwar allgegenwärtig, hat es in seinem Heimatland aber nicht zu Kultstatus gebracht, anders als Lutefisk (der gelbliche, ausgelaugte Glibberfisch) oder der Hammeleintopf Fårikål. Auch in der Literatur wird Labskaus vernachlässigt. Nach langer Suche fand sich immerhin dieses Juwel in einer Erzählung des Schriftstellers Levi Henriksen.

»Gustav trank ein Glas Wasser gleich aus dem Wasserhahn. Es war ein bisschen trübe, aber total ohne Beigeschmack und den harschen Moorgeruch, der anno 67 das Trinkwasser ruiniert hatte. Nach dieser Flut hatte Gustav weiter weg vom Fluss einen neuen Brunnen bohren müssen. Er hoffte, jetzt keine weiteren Brunnen mehr anlegen zu müssen. Im September war er neunundsiebzig geworden.

Auf dem Herd blubberte der Labskauskessel, genau wie bei Gustavs letztem Besuch hier. ›Das riecht gut‹, sagte er. Das Geheimnis bei Elisabeths Labskausrezept war es, das Fleisch in Fleischbrühe zu kochen. Echter Brühe, keine Brühwürfelplörre. Plörre, Markknochen, Zwiebeln, Möhren, zerstoßene Wacholderbeere und eine Sellerieknolle köchelten zuerst den halben Tag unter dem Deckel vor sich hin, dann wurde die Brühe abgegossen und über die Fleischstücke gekippt. Zwei Stunden auf schwacher Hitze, dann war das Fleisch so mürbe, dass es sich auf Seidenpantoffeln über die Zunge schlich. Am allerbesten schmeckte das Labskaus im Sommer, wenn das Gemüse frisch war und vom eigenen Feld kam.«

Ein Liverpooler war übrigens überzeugt davon, dass das Liverpooler Scouse aus Norwegen stammte, mitsamt dem Namen. Er war einmal in Oslo und hatte dort in einer Kneipe namens »Skaus Corner« ein Bier getrunken. Das sei doch wohl Beweis genug? Leider nicht. In seiner Erinnerung war die Schreibweise anders als in Wirklichkeit, die Kneipe Schous Corner, gelegen im Stadtteil Grünerløkka, heißt so, weil dort Bier aus der Schous-Brauerei ausgeschenkt wird. Und deren Name hat nichts mit Labskaus zu tun, sondern stammt vom Firmengründer Christian Julius Schou (1792–1874). Im Schous Corner kann man auch essen, Labskaus wird man auf der Speisekarte jedoch vergebens suchen.

Dennoch ist Norwegen also Labskausparadies, aber wie sieht es in den umliegenden Ländern aus?

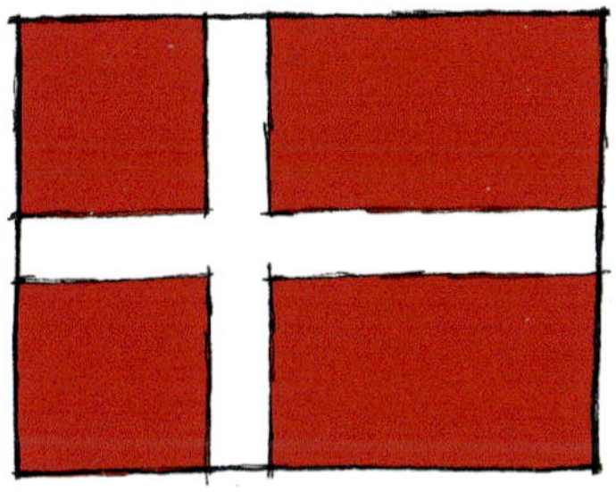

Dänemark In Dänemark erfahren wir, dass Labskaus hier Skipperlabskovs oder nur Labskovs heißt und genauso aussieht wie das norddeutsche. Keine interessanten Ursprungsmythen, keine lustigen Worterklärungen, immer wieder wird gesagt: Das ist aus Norddeutschland zu uns gekommen, da heißt es Labskaus, und wenn ihr mehr wissen wollt, dann fragt mal in Hamburg oder Bremen. Aber wenn man sich dann nicht geschlagen gibt, taucht ein Gericht auf, das aussieht wie das norwegische Labskaus und das seltsamerweise ebenso als Skipperlabskovs bezeichnet wird, also Schifferlabskaus. Obwohl wir doch gerade erst lernen mussten, dass damit das norddeutsche Labskaus gemeint ist. Auch in Dänemark also ein seliges Labskaus.

Auf einer dänischen Website finden wir diese Information zum Thema »Skipperlabskovs«: »Das ist das klassische weiße Labskaus. Es gibt auch eine braune Variante, die wird aus Fleischresten, Kartoffeln und aufgewärmter Sauce gemacht.« Wie in Norwegen also gibt es helles und dunkles Labskaus. Norwegen stand 400 Jahre unter dänischer Herrschaft, da leuchtet es ein, dass ein paar Gemeinsamkeiten überlebt haben.

Dänisches Labskaus

Man nehme (für vier bis sechs Personen)

750 g Rinderlende oder Brust
3 Zwiebeln
1,5 kg mehlig kochende Kartoffeln
100 g Butter
ca. 1 l Gemüsebrühe
3–4 Lorbeerblätter
12 schwarze Pfefferkörner
sehr viel Schnittlauch
etwas Butter
Für den Notfall, falls das Labskaus zu dünn ausfällt,
eine Tasse voll **Kartoffelbrei**

Zubereitung

- Das Fleisch in nicht allzu große Würfel schneiden. Ein bisschen Fett am Rand lassen, es darf aber nicht zu viel sein. Das Fleisch in einen Kochtopf geben und mit Wasser bedecken. Aufkochen, bis sich an der Oberfläche Schaum gebildet hat.
- Das Fleisch in ein Sieb geben und mit kaltem Wasser abspülen, bis kein Schaum mehr vorhanden ist.
- Die Zwiebeln schälen und klein schneiden. Die Butter in einem dickbödigen Topf zerlassen und die Zwiebeln darin blanchieren. Sie dürfen sich nicht verfärben. Fleisch und Lorbeerblätter dazugeben und mit der Brühe aufgießen, sodass es gerade bedeckt ist. Im geschlossenen Topf ca. 1 Stunde köcheln lassen.
- Die Kartoffeln schälen und in kleine Stücke schneiden. Die Hälfte davon auf dem Fleisch verteilen, Topf wieder verschließen. Nach einer Viertelstunde umrühren, die restlichen Kartoffeln dazugeben. Eventuell etwas kochendes Wasser hinzugeben. Wenn die Kartoffeln weich werden, die letzten 15–20 Minuten auf schwacher Hitze bedeckt köcheln

lassen, dabei muss regelmäßig umgerührt werden, damit nichts anbrennt.

- Das Fleisch soll am Ende in einer Art Kartoffelbrei mit größeren Kartoffelstücken liegen. Fügen Sie ein bisschen extra Kartoffelbrei hinzu, falls das Labskaus zu dünn wird.
- Mit Salz und Pfeffer abschmecken und heiß servieren, mit einem Klecks Butter, Schnittlauch, und, wenn man will, mit Roter Bete und Schwarzbrot.

Lange Zeit waren auch die Färöer Teil von Dänemark, trotz Autonomie gehören sie noch immer zur dänischen Krone, aber gibt es dort Labskaus? Auf den Färöern gibt es eine Art Cawl oder Lobsgaws mit Lamm, Möhren, Kartoffeln und Zwiebeln, der einfach Kjøtsoð heißt, also Fleischsuppe. Was uns nach Island führt, denn da ist die Lage ähnlich.

Island In Island gibt es so gesehen kein Labskaus. Es gibt Kjötsúpa oder Íslensk Kjötsúpa«, das bedeutet: »isländische Fleischsuppe«. Sie sieht aus, schmeckt und wird zubereitet wie walisisches Lobsgaws, natürlich in verschiedensten Variationen, aber immer mit Lamm. Wie überall auch behaupten jeder Koch und jede Köchin, ihr Rezept sei das einzig wahre, und so finden wir Anleitungen zur Zubereitung von »echter isländischer Fleischsuppe«. Wir würden ja zu gern auch verraten, wie man falsche isländische Fleischsuppe herstellt, aber da lassen uns die Kochbücher im Stich. Also: echte isländische Fleischsuppe. Sie galt im früher bitterarmen Island als Sonntagsessen, oft gab es sie nur zu Weihnachten, denn auch für einen schnöden Sonntag waren die Zutaten meist zu kostbar. Inzwischen ist sie zur Alltagskost avanciert, es gibt sogar eine Tütensuppe namens »Íslensk kjötsúpa«. Die echte Suppe geht so:

Echte isländische Fleischsuppe

Man nehme (für vier bis sechs Personen)

3 l Wasser

1,5–2 kg Suppenfleisch

eine Tasse Reiskörner oder Graupen

2 EL Salz und eine Prise weißen Pfeffer

5–8 Möhren, je nachdem, ob man gern viele Möhren im Labskaus hat oder eher weniger

8–10 Kartoffeln, je nachdem, ob man gern mehr Kartoffeln im Labskaus hat oder eher weniger

3 kleine Rüben

¼ Weißkohl (ein Kappeskopp ist gemeint)

1 Porreestange

Zubereitung

- Das Fleisch waschen und mit 3 l Wasser in einen Topf geben. Wenn das Fleisch braun geworden ist, den Schaum abschöpfen. Das Fleisch dann 45 Minuten köcheln lassen.
- Derweil das Gemüse klein schneiden. Gemüse und Reis oder Graupen zum Fleisch geben. Alles 10–15 Minuten kochen lassen, Salz und Pfeffer hineinrühren. Servieren.
- Oft wird erzählt, die Suppe schmecke am nächsten Tag noch leckerer. Und am dritten, vierten und fünften erst recht, falls dann noch etwas übrig ist. Man kann sie einfach im Topf mit Deckel in den Kühlschrank stellen.

Schweden Schweden hat nie zu Dänemark gehört, vielleicht können wir hier mit originelleren Labskausvarianten rechnen. Und wirklich ist das Land Selma Lagerlöfs, in deren Werk niemand Labskaus isst, nicht einmal der weitgereiste Nils Holgersson, für unsere Forschungen ergiebiger. Dort gibt es Lapskojs. Auch dieser Name wird abwechselnd auf norwegische, deutsche und englische Seeleute zurückgeführt. Lapskojs ist original schwedische Hausmannskost und sieht aus wie eine Verwandte des norwegischen Labskaus – nur weniger flüssig und mit Pastinaken, die hier also, anders als in Wales, keinen Stein des Anstoßes darstellen. Auf den Fotos sieht es köstlich aus, aber schwedische Bekannte verziehen bei der Erwähnung von Lapskojs angewidert das Gesicht:

»Ich esse unter keinen Umständen Lapskois. Ich kenne übrigens niemanden, der das isst. Das ist heutzutage kein gewöhnliches Gericht, jedenfalls nicht hier in Göteborg. Meine Generation hat ab und zu Lapskojs in der Schule bekommen. Ich habe es gegessen, weil ich dazu gezwungen wurde. Damals hat man gegessen, was auf den Tisch kam. Da für das Gericht oft Reste verwendet wurden, sehe ich ein, dass Lapksojs natürlich auch mal gut schmecken kann.«

Und wie ist die Lapskojs-Situation in der Hauptstadt Stockholm? Hier antwortet eine Autorin, deren Bücher auch in Deutschland großen Erfolg haben, obwohl, oder weil, weder Mörder noch Ermittler darin jemals Lapskojs essen: »Klar erinnere ich mich an Lapskojs. Das haben wir in der Schule gekriegt, und weder ich noch meine Freunde mochten das essen. Es stimmt, es gilt als Hausmannskost, aber in einem Restaurant habe ich es noch nie gesehen.« Sagt Schwedens Krimikönigin Camilla Grebe.

In einem Schulkochbuch fanden wir dies: »Lapskojs ist hervorragendes Resteessen. Am besten nimmt man gesalzene Rinderbrust, wenn möglich Reste einer früheren Mahlzeit. Man kann aber auch Corned Beef nehmen. Oder Schweine-, Lamm- oder Wildfleisch. Man kann auch übrig gebliebene gekochte Kartoffeln verwenden. Zwiebeln müssen nicht sein. Alles etwa 45 Minuten kochen und mit Salz und Pfeffer würzen.« Das

klingt sehr lieblos, und nun ahnen wir, weshalb es als Schulkost so unbeliebt zu sein schien. Immerhin erzählt das Schulkochbuch uns auch, dass Lapskojs seit dem 17. Jahrhundert bekannt ist, auf Schiffen verzehrt wurde und aus Pökelfleisch mit Rüben oder Zwiebeln oder dem Gemüse bestand, das gerade in der Kombüse herumlag. Es wurde gekocht und zerstampft, denn die Seeleute hatten oft schadhafte oder gar keine Zähne, solange Skorbut eine typische Seemannskrankheit war, also bis weit ins 19. Jahrhundert hinein. Das weich gekochte Labskaus also war die ideale Kost für dentalgeschädigte Seeleute. Der norwegische Schiffskoch Adolf Henrik Lindstrøm (1866–1939) aus Hammerfest erwähnt in seiner Rezeptsammlung für die Polarküche Labskaus an keiner Stelle – Lindstrøm war zu seiner Zeit berühmt, weil auf seinen Schiffen niemals jemand an Skorbut erkrankte. Polfahrer, die wussten, dass sie viele Monate unterwegs sein würden, standen geradezu Schlange und boten hohe Ablösesummen dafür, dass er auf ihrer nächsten Reise bei ihnen anmusterte – klar, dass er auf Labskaus nicht angewiesen war!

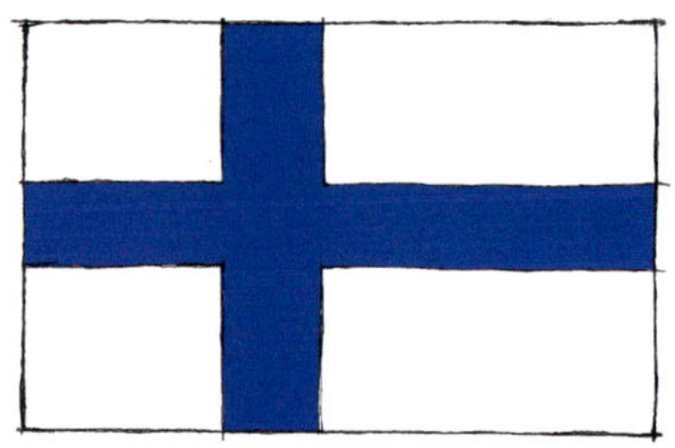

Finnland Weiter geht es nach Finnland. Da finden wir ein Gericht namens Lapskoussi – wie schön, dass sich der Name so weit verbreitet hat. Auch hier ist »Lapskoussi« ein Synonym für »Durcheinander« und ansonsten ein Gericht, das aus gekochtem oder gebratenem Rindfleisch und Kartoffeln hergestellt wird. Hat man gerade kein Rind zur Hand, geht es auch mit Lamm- und Schweinefleisch, die

finnischen Kochbücher sind da sehr großzügig. Die Zutaten werden in Würfel geschnitten, als Gewürze werden Salz, Pfeffer und ein Lorbeerblatt hinzugefügt. Die Zutaten werden zu einer Suppe verarbeitet und diese dann so lange weitergekocht, bis sie eindickt und ein breiartiges Gemisch übrig bleibt. Ein Lapskoussi kann auch Möhren, Steckrüben und Zwiebeln enthalten. Es wird im Allgemeinen mit Brot und meistens auch mit in Essig eingelegten Gurken und Roter Bete serviert.

In Finnland ist Lapskoussi besonders als traditionelle Speise aus Rauma bekannt. Der Ursprung des Namens gilt als unbekannt, Lapskoussi wird meistens als »altes Seemannsgericht« bezeichnet. Das gleiche Gericht, nur unter anderem Namen, ist im Varsinais Suomi, auf Deutsch »Eigentliches Finnland«, gemeint ist die Gegend um Turku, als »Holomuussi« bekannt. Das Wort Lapskoussi scheint in Finnland aber noch nicht alt zu sein, es wurde aus Schweden übernommen. In schwedisch-finnischen Wörterbüchern aus der Zeit vor 1900 finden wir kein Lapskoussi als Übersetzung für »lapskojs«, sondern nur die Umschreibung *liha-perunahakkelus*, es bedeutet »Fleisch-Kartoffeleintopf«. Kein Wort also von Pastinaken oder Möhren.

Zwischen Finnland und Schweden liegen die **Åland-Inseln**, hier ist die Lage verwirrend. Dass es Lapskojs gibt – auf Åland wird Schwedisch gesprochen, deshalb der schwedische Name –, ist bekannt, gegessen wird es nicht so oft. »In Schweden, ja, die essen Lapskojs«, hören wir oft auf Åland. Es klingt, als ob die Schweden kein anderes Gericht so oft und mit solcher Begeisterung in sich reinschaufelten wie eben Lapskojs, aber wir wissen ja nun, dass diese Vorstellung gewaltig übertrieben ist. Auf Åland sei es von schwedischen Seeleuten eingeschleppt worden, heißt es. In den schwedischsprachigen Teilen Finnlands gibt es ebenfalls Lapskojs, wenn auch viel seltener – selbst in der Schule, in Schweden ja offenbar ein Überlebensbiotop des herkömmlichen Lapskojs – gibt es nur Pellkartoffeln mit Hackfleischsauce, zweifellos sehr lecker, aber wenig ergiebig für die Labskausforschung.

Baltikum In Estland gibt es das gleiche Gericht, also den Eintopf mit Kartoffeln, Lamm oder auch anderem Fleisch und dem Gemüse, das gerade zur Hand ist. Und ebenso hat auch dort jedes Dorf und jede Familie ein Rezept, das als das einzig wahre gilt. Und doch heißt die Speise dort nicht wie etwas Labskausverwandtes, sondern hat den schönen Namen Ühepajatoit.

Und Litauen? Vom litauischen »labas kaušas«, »gute Kelle«, leiten manche das Wort Labskaus ab, also ein gehäufter Schöpflöffel mit köstlichem Labskaus? Nein, »Labas kaušas« bedeutet wirklich nur »eine gute Kelle voll«. Ein Gericht, das aussieht wie das norwegische oder deutsche Labskaus, gibt es in Litauen nicht.

NORWEGEN
FINNLAND
ESTLAND
DÄNEMARK
SCHWEDEN
Lettland
Island
WALES
Litauen
SCHOTTLAND
ENGLAND

DAMALS UND HEUTE

Geschichten vom Essen und von Labskaus

Damals und heute

Geschichten vom Essen und von Labskaus Nicht nur auf See war das Essen lange Zeit nicht vergnügungssteuerpflichtig, wir haben davon im ersten Kapitel berichtet. Außer Haus musste essen, wer keine eigene Küche, nicht genug Geld für Brennstoff und nicht ausreichend Platz im Haus hatte.

Im antiken Athen boten Händler mit tragbaren kleinen Herden gefüllte Feigenblätter, Gerstekuchen mit Honig, scharf gebratene Würstchen und gebratenen Fisch an. Auch im antiken Rom gab es Garküchen für Leute, die kein Zimmer, kein Wasser oder keine Kochstelle hatten. Sie bekamen dort Essen und heißes Wasser.

Im 12. Jahrhundert wurden in China fertige Imbissspeisen in großen Mengen in Manufakturen hergestellt. Zu dieser Zeit entstand wohl auch die erste Würstchenbude Deutschlands. Die Bauarbeiter, die vor 900 Jahren nach Regensburg kamen, um dort die »steinerne Brücke« zu bauen, brachten weder Familie noch Kochherd mit. Jemand kam auf die Idee, den Arbeitern heiße Würstchen anzubieten, und stellte eine Bude neben die Baustelle.

In den Gasthöfen ging es in früheren Zeiten vergleichsweise rau zu, der Gast war nicht König, sondern musste mit dem zufrieden sein, was ihm angeboten wurde. Der Gelehrte Erasmus beschreibt anschaulich den Besuch eines deutschen Gasthofes 1518:

»Sobald sich alle an den Tisch gesetzt haben, erscheint der sauersehende Knecht und bringt Brot, das jeder zum Zeitvertreib, während die Speisen kochen, essen kann; so sitzt man nicht selten nahezu ein Stunde. Endlich wird der Wein, von bedeutender Säure, aufgesetzt. Damit haben die Gäste etwas für ihren bellenden Magen. Bald kommen mit großem Gepräge die Schüsseln. Die erste bietet fast immer Brotstückchen mit Fleischbrühe, oder, ist es ein

Fast- oder Fischteig, mit Brühe von Gemüsen übergossen. Dann folgt eine andere Brühe, hierauf etwas von aufgewärmten Fleischarten oder Pökelfleisch oder eingesalzenem Fisch. Wieder eine Musart, hierauf feste Speise, bis dem wohlbezähmten Magen gebratenes Fleisch oder gesottene Fische von nicht zu verachtendem Geschmacke vorgesetzt werden. Aber hier sind sie sparsam und tragen schnell wieder ab.«

Eine Wahl hatte Erasmus nicht. Häufig existierte nur ein Gasthof am Ort, und dort gab es, was auf den Tisch kam. Niemand kehrte zum Vergnügen ein, sondern notgedrungen, weil er auf Reisen war.

Auch ein früher Sylt-Reisender beschwerte sich: »Sie gaben mir Gras zu essen, wäre ich bis zum Winter geblieben, sie hätten mich bestimmt mit Heu ernährt.« Dem armen Mann war gesottener Meerstrandwegerich vorgesetzt worden – auch damals nicht unbedingt eine wirkliche Delikatesse.

Im Römischen Reich gab es in den Städten zwar schon Restaurants, doch beliebte Spezialitäten wie Austern, Muscheln, Schnecken oder Spargel bekam man dort nicht, sie wurden nur bei privaten Festen gereicht.

Die Wiege der Restaurantküche, wie wir sie heute kennen, liegt in China. Im 11. Jahrhundert gehörte es dort zum guten Ton, nicht nur in der klassischen Literatur, sondern auch in verschiedenen Zubereitungsarten und regionalen Kochschulen bewandert zu sein. Mit einem wohlhabenden Bürgertum entstand in den Städten eine Restaurantkultur, wie es sie vorher noch nirgendwo auf der Welt gegeben hatte. Man ging auswärts essen, weil man besser als zu Hause essen wollte. Es gab sogar »In«-Restaurants und solche, aus denen sich der Kaiser sein Essen bringen ließ.

In Europa bedurfte es erst der Französischen Revolution, damit sich so etwas wie eine Restaurantkultur entwickeln konnte. Bis etwa 1760 waren die gastronomischen Angebote streng reglementiert. Ein Bratkoch durfte kein Ragout machen, Wirtshäuser mussten sich das Essen von Garköchen, Fleischern und Pastetenbäckern holen. Restaurants im modernen Sinne kamen erst um die Wende vom 18. ins 19. Jahrhundert auf, als die Pariser Nationalversammlung die Innungen abschaffte, den Zünften ihre Privilegien nahm und den neuen Restaurants erlaubte, Gerichte nach Belieben anzubieten. Köche, die bis dato für den Adel gekocht hatten, machten sich nun selbstständig und avancierten zu erfolgreichen gastronomischen Unternehmern, während ihre ehemaligen Herren auf dem Schafott landeten, emigrierten oder verarmten. Es war die Geburtsstunde der modernen Gastronomie. Auf einmal wurden Suppen, Zwischengerichte, Braten und Desserts in ein und demselben Restaurant angeboten. Restaurants mit guter Küche entstanden, und einige Köche wurden sogar berühmt.

Auswärts essen ging man auch im Norden nur auf Reisen. Zu Hause bei den ärmeren Schichten stand einfache Kost wie Grütze und Brei auf dem Speiseplan. In adeligen Kreisen, am Gottorfer Hof und auf den ostholsteinischen Adelsgütern wurden französische Spezialitäten samt Köchen importiert. Schon damals war die französische Küche stilbildend, auch im Norden.

Die Festessen auf den Gutshöfen arteten häufig in »Fressorgien« aus. Die vornehmen Hanseaten in Lübeck und Hamburg, durch den Handel der Hanse kulinarisch erfahren, bevorzugten schon recht früh die feinere Art der Nahrungsaufnahme. Die Zubereitung von Krebssuppe, Curryhuhn und Stubenküken gehörte dort zum Standardrepertoire der Köchin.

In den Gasthöfen war das Essen schlicht und einfach. Die ersten Gasthöfe entstanden entlang der Reisewege.

Als der Rinderhandel im 15./16. Jahrhundert große Ausmaße annahm, entstanden an den Ochsenwegen zahlreiche Krüge, die sich auf die besonderen Bedürfnisse der Ochsentreiber einrichteten. Sie hielten Tränken und Futter für die Tiere bereit, die Rastplätze waren von Steinwällen oder Zäunen umgeben, sodass die Ochsen in der Nacht zusammenblieben. Den Treibern und Händlern boten sie Unterkunft.

Die Herden bestanden in der Regel aus 40 bis 50 Ochsen, die von zwei bis drei Treibern begleitet wurden. Die Händler, die mehrere Hundert Tiere auf den Markt bringen wollten, ließen die Ochsen in mehreren Einzelherden hintereinanderher treiben. Allen voraus traf der »Futterbeschaffer« beim Krug ein, um für Treiber und Tiere das Quartier zu bestellen.

Unter den Gästen im Krug herrschten erhebliche Rangunterschiede. Der Ochsenhändler, der im Pferdefuhrwerk vorfuhr, wurde vom Wirt bevorzugt behandelt. Er erhielt eine besondere Stube und ein besonderes Essen, das ihm, so ist es aus Dänemark überliefert, mit »Vær så god« (bitte sehr) serviert wurde. Von den Treibern waren die Ochsentreiber hochrangiger als die Schweinetreiber, die im Stall oder in der Scheune saßen und denen die Wirtin ihr einfaches Essen mit der Bemerkung »Tag og æd« (nimm und friss) austeilte.

Der historische Krug Es war der dänische König Erik V. Klipping, der 1198 anordnete, dass an allen Heer- und Handelswegen Krüge errichtet werden sollten, die den Durchreisenden und ihren Pferden Kost und Logis zu bieten hatten. Königin Margarethe schrieb 1396 vor, dass alle vier Meilen (damals etwa 39 km) ein Krug zu stehen habe. Später wurde dies auf die Hälfte reduziert. Bereits 1521, während der Regentschaft König Christians II., waren die Kröger verpflichtet, ihren Gästen zu jeder Mahlzeit drei Gerichte zu reichen, das Bier dazu war frei. Die Preise wurden vom König festgelegt.

Wenn ein Kröger einem Gast ein Zimmer verweigerte, drohte ihm – so hart waren damals die Sitten – die Todesstrafe.

In dieser Zeit (1519) entstand auch ein Krug in Oeversee bei Flensburg. 1624 wurde der »Kirchspielkrug«, wie er damals hieß, Posthalterei und erhielt das königliche Privileg. Der älteste Gasthof in Schleswig-Holstein brannte leider vor einigen Jahren ab; er war der letzte seiner Art mit dänisch königlichem Privileg auf deutschem Boden.

Als Gegenleistung für das königliche Privileg musste der Kröger jederzeit Soldaten in Begleitung des Königs einquartieren. Er durfte steuerfrei Brot backen, Bier brauen und Schnaps brennen. Das alles konnte er nicht nur im Krug anbieten, sondern auch außer Haus verkaufen. Er hatte jedoch darauf zu achten, dass seine Gäste nicht in unmäßiges Saufen und Prassen verfielen. Christian V., der 1670 König von Dänemark wurde, ordnete an, dass jeder Krug eine Ein- und Ausfahrt und wenigstens vier Zimmer mit guten Betten und Kaminen haben sollte. Außerdem musste Platz für drei Pferdewagen vorhanden sein.

So wurde für Mensch und Tier gesorgt. Die Zimmer und Gasträume waren über Jahrhunderte einfach und zweckmäßig. Ein kritischer Zeitgenosse schrieb noch Anfang des 20. Jahrhunderts: »Eigentlich muss man sich wundern, dass ein geistig so hochstehendes Volk wie die Dänen seine Gasthauskultur so vollständig vernachlässigt.«

Feste feiern – auch mit Labskaus Den Norddeutschen sagt man ja eine gewisse (protestantische) Nüchternheit nach. Man redet nicht viel, aber aufs Feiern versteht man sich im Norden.

Lange Zeit war die norddeutsche Küche vor allem deftig, üppig und einfach. Gerichte wie Birnen, Bohnen, Speck, Grünkohleintopf, Speckscholle und Labskaus standen lange für eine bodenständige Küche im Norden. Die einfache Landküche entwickelte sich aus dem rauen Klima und der harten Arbeit der Menschen: Dies verlangte nach einer handfesten und kräftigen Kost.

Wenn die Ernte gut war und die Menschen von Kriegen und sonstigen Katastrophen verschont blieben, wurde allerdings gern opulent gefeiert und getafelt. Nicht nur die Festessen auf den Gutshöfen konnten schnell in lustvolle »Fressorgien« ausarten.

Das berühmte Schaffermahl, das seit 1545 mit dem Ende der Winterpause für die mächtigen Kapitäne der bremischen Handelsflotte gegeben wurde, bestand und besteht bis heute im Wesentlichen aus Hühnersuppe, Stockfisch, Braunkohl, Kalbsbraten, Wurst, Sardellen und heimischen Früchten. In Reiseberichten aus früheren Zeiten wird die Gastfreundschaft der Bremer und Bremerinnen lobend erwähnt, ihre Kost hingegen meist als »schlicht« bezeichnet.

Aber die vornehmen Hanseaten in Hamburg und Lübeck, durch den Handel der Hanse kulinarisch erfahren, bevorzugten durchaus schon früh die feinere Art der Nahrungsaufnahme. Die Zubereitung von Krebssuppe, Curryhuhn und Stubenküken gehörte zum Standardrepertoire jeder Hausfrau.

Ein frühes Zeugnis feiner Lebensart lieferten die Lübecker Ratsherren: 1502 wurden die angesammelten Bußgelder für ein Essen der besonderen Art verwendet. Während im Hinterland noch Grütze gelöffelt wurde, speisten die ersten Lübecker Herren zum Mittag Rinderbraten, Schinken, Wild, Lamm, Schwan, Pfau. Dazu gab es Backwerk, Butter, Käse, Obst, Konfekt und Nüsse aus Italien. Sie tranken Bier aus Hamburg und Einbeck, Wein vom Rhein und aus Frankreich. Nach dem üppigen Mahl begaben sie sich zur Ruhe, um den Abend – die Bußgelder waren noch nicht aufgebraucht – mit einem kleineren Fünf-Gänge-Menü zu beschließen. Es gab u.a. ein Fisch- und ein Geflügelgericht und einen großen Braten. Der Adel hatte es ihnen vorgemacht: Gespeist wurde bei Fackelschein, in silbernen Schalen wurden die Hände gereinigt und mit Tüchern aus feinem Damast getrocknet. Am nächsten Tag reichten die Bußgelder nur noch für einige Braten, dann war es geschafft, die Bußgeldkasse zu leeren. Heute würde ein derartiger Umgang mit öffentlichen Geldern wohl zu einem Sturm der Entrüstung führen, damals regte sich keiner auf. Im Gegenteil: Die kulinarische Verwendung der Bußgelder war Vorbild für Gilden und andere Gemeinschaften, alljährlich auch ein Fest mit üppigem Schmaus zu geben. Dass sie ihr Essen aus eigener Tasche zahlen mussten, minderte nicht im Geringsten die Freude am Festmahl.

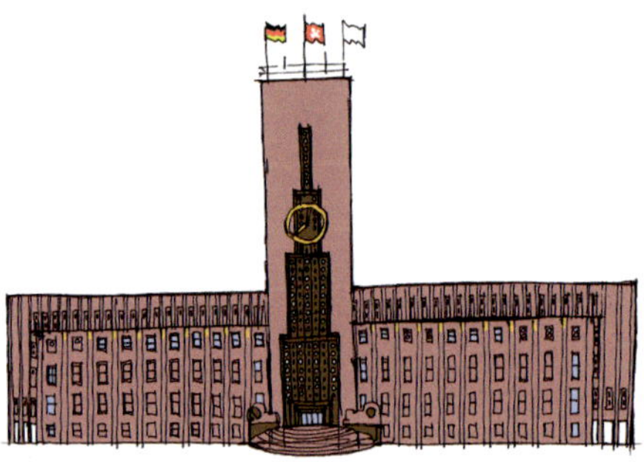

Labskaus-Weltrekord 2001 organisierte ein Mann namens Rüdiger Babatz in seiner Heimatstadt zum ersten Mal ein Labskaus-Festival. Auf so eine Idee scheint ganz Wilhelmshaven gewartet zu haben, gingen doch genau 6097 Portionen Labskaus über die Verkaufstresen in der Innenstadt. 2005 wurden bei dem

Labskaus-Event sogar 10.612 Portionen ausgegeben. Weltrekord! Rüdiger Babatz sagt: »Mein persönlicher Labskaus-Rekord liegt bei fünf Portionen am Tag – und die übrigen Festival-Besucher geben ihr Bestes, um diese Rekordmarke zu erreichen.«

Seitdem strömen jedes Jahr im Juli Tausende Labskausfans die Nordseestadt, lauschen den zahlreichen Shantychören und essen die eine oder andere Portion Labskaus. Mittlerweile werden auch vegetarische und vegane Labskausvarianten angeboten. Der Verkaufsrekord ist längst in den Hintergrund getreten, der Spaß an diesem Fest in maritimer Atmosphäre ist Jahr für Jahr spürbar.

Am Vormittag wird das Labskaus-Event auf der Bühne mit dem traditionellen »Backen und Banken« eröffnet. »Backen und Banken« bedeutet in der Seemannsprache auf einem Schiff »Zum Essen kommen«. Für musikalisch-maritime Stimmung sorgen die diversen Shantychöre wie der der Marinekameradschaft Wilhelmshaven von 1894 e. V., der Shantychor Moordorf bei Aurich und der Shantychor De Törfmuttjes aus dem Mormerland.

Am Abend wird dann auch noch ein Labskaus-Orden vergeben. Mehr Labskausseligkeit geht nicht.

Labskaus an Bord Wir wollten wissen, welche Rolle Labskaus heute noch auf einem Schiff spielt, und befragten den weitgereisten Segler, Journalisten und Buchautor Detlef Jens aus Flensburg zu seinen Labskauserfahrungen auf See:

Nicht nur die alten Seefahrer aus dem 18. oder 19. Jahrhundert, auch zeitgenössische Segler kochen unterwegs auf See gern mal Labskaus. Ebenso ein alter Freund von mir, Harald Mertes, der bereits in den 1970er und 80er Jahren in einem alten Holzschiff um die Welt segelte, gemeinsam mit Neil Hollander. Die beiden waren gestartet, ohne einen blassen Schimmer vom Kochen zu haben, und verfassten nach ihrer Rückkehr das für Segler ultimative Kochbuch »Der Koch ist Kapitän«. Der Titel unterstreicht den hohen Stellenwert geregelter Nahrungsaufnahme gerade in der Monotonie langer Ozeanreisen. Zu Köchen wurden sie also eher aus Notwendig-

keit, aber auch aus Neugier; unterwegs schauten sie in jeden fremden Kochtopf und notierten sich etliche Rezepte von Köchinnen und Köchen, an Land und an Bord. Labskaus ist natürlich auch dabei. Und weil jeder Koch seine eigene Art hat, dieses deftige wie nahrhafte Gericht zuzubereiten, kommt es bei Mertens und Hollander sogar gleich zweimal vor. Zuerst, immerhin, als »Sonntagsessen«, mit den üblichen Zutaten plus Paprika, jedoch ohne Cornichons, Rote Bete oder Hering. Und dann tatsächlich als »Labkaus«, inklusive der drei eben genannten Zutaten.

Auch ich habe jahrelang Labkaus gekocht und gebraten, allerdings immer nur auf Segelreisen in nordischen Gewässern. Labkaus, das ist einfach keine feine mediterrane Küche. Das fängt schon bei der Farbe an. Nicht wirklich appetitfördernd, wenn der Seegang hoch und heftig ist. Einmal habe ich es geschafft, meiner dreiköpfigen Crew an Bord auf dem Weg von Hamburg nach Helgoland in der windigen und ruppigen Elbmündung, weit draußen irgendwo zwischen Großer Vogelsand und Elbe 1, ein den beschwerlichen Umständen entsprechend hervorragendes Labskaus zu kochen. In einer bockenden Kombüse auf schwankendem Herd. Allein, Farbe und Konsistenz des Labskaus erinnerten die Armen vielleicht an das, was ihnen bevorstehen würde, sollte die Seekrankheit sie am Ende doch noch übermannen – und so verzichteten sie auf den stärkenden Imbiss. Was mich einigermaßen ärgerte, hatte ich mich doch von uns allen bei diesem kleinen Sturm unter Deck in der Pantry am meisten geplagt. Mehr als die anderen draußen an Deck. Allerdings, als wir endlich, Stunden später, sicher und fest im Helgoländer Hafen angelegt hatten, wurde das Labskaus dann doch und mit umso mehr Appetit vertilgt. Diesmal sogar mit Zubehör, also Spiegeleiern und frischem, zuvor an Land erstandenen Matjes: Die feine Luxusversion für den Hafen, denn auf See würde man sich diese Extras sparen.

Alle Zutaten sind auch ohne Kühlung ziemlich lange haltbar, eben deshalb ist es ja ein so bekanntes Seemannsessen geworden. Kühlschränke und Gefriertruhen gibt es, zumal auf Segelschiffen, noch nicht sehr lange. Einziges Zugeständnis an die Moderne: Man nimmt Corned Beef in Dosen (Marke: Exeter) statt des traditionellen Pökelfleisches. Dazu Kartoffeln. Zur allergrößten Not tut es auch industrielles Püreepulver. Zwiebeln, in Butter angebraten. Tomatenmark, für den Geschmack, aber vor allem die Farbe. Bier gehört unbedingt dazu, jede Menge, für den Koch und für den Topf. Und weil es an Bord auf diese Weise einfacher zu servieren und zu essen ist, werden Cornichons und gekochte Rote Bete jeweils aus dem Glas gleich klein geschnibbelt und mit hineingegeben in den Brei. Dazu vielleicht auch, was sonst noch alles so wegmuss, Tomaten oder Kräuter oder Speckwürfel, was weiß ich. Auch ist für die kleine Schiffskombüse praktisch, dass alles in einem Topf zubereitet wird. Ein einziges Rezept für dieses Universalgericht gibt es hingegen nicht, es gibt vermutlich Hunderte, so viele wie Schiffsköche, denn jede/r macht das Labskaus auf eine ganz eigene Art und, je nach Verfügbarkeit der Zutaten, mit spontanen Variationen: Auf See kann man nicht mal eben einkaufen gehen.

Die Konsistenz muss allerdings fest sein, klebrig, dass man damit zur Not auch eine undichte Planke abdichten könnte. Auf keinen Fall darf das Labskaus zu flüssig sein, jedoch auch nicht zu trocken. Man muss es schließlich, draußen an Deck bei Regen und Gischt und Schräglage, aus Suppennäpfen löffeln können, ohne dass der Brei vom Löffel geweht wird. Und es soll wärmen und Substanz in den flauen Magen bringen. Auf der Nordsee bei fünf Windstärken und kabbeliger See schmeckt es deshalb immer noch am besten. Das ist etwas ganz anderes, als im heißen Sonnenschein bei lauen Winden vor mediterranen Küsten dümpelnd eiskalten Rosé zu trinken und leckere Schalentierchen aus dem Meer zu verzehren… Obwohl das auch nicht ganz schlecht ist. In meinen späteren Jahren, also jetzt, neige ich schon länger zu Letzterem, wie ich zugeben muss. Doch das deftige Labskaus als Delikatesse von feinem Porzellan an Land zu essen kommt mir eher unpassend vor. Ich weiß doch, woher es kommt und wofür es gut ist!

LABSKAUS

Zwei Zutaten und eine Handvoll Beilagen

Zutaten und Beilagen

Betrachtet man das norddeutsche Labskaus genauer, sind die Hauptakteure Kartoffeln und Rindfleisch, die Nebenakteure Hering in Form von Bismarckhering, Rollmops oder Matjes sowie Rote Bete und saure Gurke.

Was alle eint: So profan und ein wenig rustikal sie aus heutiger Sicht auch erscheinen mögen, bei genauerer Betrachtung tut sich ein spannender Kosmos an Kulturgeschichte auf, da die Mittel zum Leben eng mit dem Wohl und Weh der norddeutschen Menschen verknüpft waren. So hat doch der Norden seinen Wohlstand vor allem Rind und Hering zu verdanken. Vorhang auf für die Stars und Sternchen des Labskaus.

Kartoffeln Ohne Kartoffeln kein Labskaus. Über sie wird selten geredet, dabei ist die Kartoffel die wichtigste Zutat im Labskaus und in zahlreichen anderen norddeutschen Gerichten.

Mit kulinarischen Kapriolen bei Tisch durfte man in früheren Zeiten selbst dem Adel nicht kommen. Viel sollte es sein, denn satt wollte man werden. Da boten sich kräftige Eintopfgerichte an, gekocht aus den typischen Gemüsesorten des Nordens: Kartoffel und Steckrübe. Noch heute liebt der Norddeutsche seine Eintopfgerichte, aber die Früchte der Felder haben sich heutzutage auch einen Platz in der Spitzengastronomie erobert. Die Profis am Herd, Feinschmecker und Hobbyköche und -köchinnen haben längst ihr Herz für Knolle und Rübe entdeckt.

Dolle Knollen Sie heißen Blauer Schwede, Emma, Leyla, Linda, Sieglinde. Ob rosa oder gelb-bräunlich, blau oder feurig rot. Ob oval oder rund, schlank oder dick: Die Norddeutschen lieben sie alle.

Die Rede ist von Kartoffeln, den dollen Knollen, von denen jeder Bundesbürger 70 Kilogramm im Jahr verspeist, die Norddeutschen noch mehr.

Welche dürfen es sein? Mehlige Kartoffeln oder festkochende? Bratkartoffeln, Pellkartoffeln, Kartoffelbrei? Unendlich sind die Möglichkeiten der Zubereitung.

Die große Sortenvielfalt der Kartoffelbauern bietet für jeden Geschmack die richtige Knolle: Afra, Cilena, Linda, Marabell, Prinzess und ihre vielen Verwandten garantieren Abwechslung auf unseren Tellern. Einige Landwirte bereichern die Kartoffelvielfalt noch um alte, besonders schmackhafte Sorten wie das Bamberger Hörnchen oder Hermanns Blaue.

Wegen der wertvollen Inhaltsstoffe und den vielfältigen Zubereitungsmöglichkeiten verdient die dolle Knolle große Aufmerksamkeit. Die Kartoffel ist eines unserer wichtigsten Nahrungsmittel. Hochwertiges pflanzliches Eiweiß, wichtige Kohlenhydrate, Mineralstoffe und Spurenelemente sowie die Vitamine A, B1, B2 und C sind für unsere Gesundheit unerlässlich. Dazu sorgen Ballaststoffe für die Verdauung und einen gesunden Stoffwechsel.

Gold der Inkas In den Andenstaaten Südamerikas wurde sie schon vor rund 2000 Jahren kultiviert. Im 16. Jahrhundert kam das »Gold der Inkas« dann nach Deutschland, doch es brauchte noch 200 Jahre, bis der Erdapfel auch hier heimisch und populär wurde. Erst während der großen Hungersnot im 18. Jahrhundert überwand die Bevölkerung ihre Skepsis gegenüber der bis dahin für giftig gehaltenen Pflanze. Kaum zu glauben, dass die Erdknolle es im Kartoffelland Deutschland am Anfang so schwer hatte. Trotz großer Hungersnöte konnte Friedrich der Große der bäuerlichen Bevölkerung die damals noch exotische Pflanze nur durch eine List schmackhaft machen. So erzählt jedenfalls eine Anekdote: Er ließ ein Kartoffelfeld nahe Berlin von seinen Soldaten streng bewachen. Sein Plan ging auf: Was wie ein Schatz bewacht wird, muss wertvoll sein. Die Neugier der Bauern war geweckt. Sie stahlen Kartoffeln und bauten sie selbst an. Im Siebenjährigen Krieg von 1756 bis 1763 wurde die Kartoffel so zu einem Grundnahrungsmittel. Aber ohne den »Kartoffelbefehl« des Alten Fritz von 1756 zur Kultur, Ernte, Lagerung und Verwendung der Knolle wäre der Norden wohl niemals Kartoffelland geworden. Und es gäbe bis heute kein Labskaus.

Ochs und Rind Das Verhältnis des Menschen zum Fleisch reicht weit zurück in die Zeit, als die Menschen nicht nur Jäger, sondern selbst Gejagte stärkerer Tiere waren. Mit Entwicklung ihrer Intelligenz konnten sie sich im Laufe der Zeit an die Spitze der Nahrungskette setzen.

Fleisch ist eine besondere Nahrung. Tierische Opfergaben konnten die Götter besänftigen, und der Verzicht auf Fleisch war eine Form der Reinigung und Buße.

Die Mehrheit der Bevölkerung konnte sich bis vor wenigen Jahrzehnten Fleisch nur sonntags und zu besonderen Anlässen leisten. Diejenigen, die es sich häufiger leisten konnten, wurden im Norden abfällig »Bratenfreter«, also Bratenfresser genannt. Sie nannten ihrerseits die Armen nicht weniger abfällig »Knochenpuler«.

Besonders Rinder haben es den Norddeutschen angetan, so weiden im Sommer einige Millionen Rinder auf den saftigen Weiden des Nordens. Auf jeden Bewohner vom Kind bis zum Greis kommt fast ein halbes Rind. Ob Milch, Butter oder Käse, Kalb-, Rind- oder Ochsenfleisch, ob im Labskaus oder für andere Gerichte – der Norddeutsche kennt seine Tiere und auch ihren Wert. Das hat Tradition, denn große Ochsenherden bevölkerten die Weiden und trugen zum Wohlstand der Bauern bei. Selbst Kleinbauern, stellte die Rendsburger Amtsverwaltung 1809 fest, konnten neben zwei Schweinen und einer Milchkuh auch einen Ochsen ihr Eigen nennen.

Die Rinderschlachtung war immer Anlass für ein kleines Fest, zu dem die Nachbarn eingeladen wurden. Nichts verkam, aus Rindertalg und Dochten beispielsweise wurden Kerzen für die dunkle Jahreszeit hergestellt.

Ochsen haben vor allem in Schleswig-Holstein dauerhafte Spuren hinterlassen. Die Ochsen und der Handel mit ihnen waren ein wichtiger Wirtschaftsfaktor, sie förderten Wohlstand, Infrastruktur und Verkehr und wurden sogar zu einer Art Geburtshelfer der ländlichen Gastronomie.

Der Ochsenweg Bevor im 19. Jahrhundert Chausseen und Eisenbahnstrecken gebaut wurden, gab es in Schleswig-Holstein ein Netz von historischen Landwegen, deren bedeutendster der von Jütland bis zur Elbe führende Ochsenweg war.

Seine Ursprünge reichen wahrscheinlich zurück bis in die ausklingende Steinzeit und ältere Bronzezeit, als mit dem ersten Fernhandel begehrter Waren wie Bernstein und Kupfer Verbindungswege entstanden. Die Handelswege waren den Geländeverhältnissen angepasst, umgingen Moore und suchten günstige Flussübergänge. Die zentrale Nord-Süd-Verbindung verlief auf dem Geestrücken durch Jütland und Schleswig-Holstein und erreichte in zwei Strängen die Elbmarschen, bei Itzehoe und bei Hamburg. Auf langen Strecken folgte sie Wasserscheiden. Die aus Angeln nach Westen fließende Treene war in ihrem Oberlauf leicht zu kreuzen. Ein größeres Hindernis war die Eiderniederung. Schon im frühen Mittelalter als »der Heerweg« (von dänisch »hærvej«) bekannt und bei Adam von Bremen schriftlich erwähnt, muss man sich diese Hauptverkehrsader als Hauptstrang eines Bündels von Wegen mit vielen Abzweigungen vorstellen. Die Wege waren im Sommer staubig und sandig, im Herbst und Winter morastig, grundlos und häufig unpassierbar.

Größere Bedeutung erlangte der zentrale Heerweg, als im Mittelalter umfangreiche Viehtriften den Weg von Jütland zur Elbe und weiter nach Süden nahmen, daher die deutsche Bezeichnung Ochsenweg.

Die zahlreichen Städtegründungen und die Zunahme der Bevölkerungsdichte im Verlauf des Mittelalters machte die Versorgung der größeren Städte (wie auch der fürstlichen Höfe) problematisch und erforderte die Belieferung aus weiter entfernten Gebieten. Die Umstrukturierung der Landwirtschaft, die sich im 15. Jahrhundert angebahnt hatte, wurde durch den großen Lebensmittelbedarf in den gewerbereichen Regionen beschleunigt. In Schleswig-Holstein und Dänemark entwickelte sich die Gutswirtschaft, wobei zunächst die Viehwirtschaft vor der Getreidewirtschaft rangierte. Die Gutsbesitzer, insbesondere in Dänemark und Jütland, betrieben nun Rinderzucht und Ochsenmast in großem Stil, kapitalintensiv, da die Ochsen erst mit vier bis fünf Jahren schlachtreif waren. Bis dahin wurden sie auf der Weide gezogen und dann im Winter in den großen Gutsställen gemästet, um im Frühjahr an Viehhändler verkauft zu werden, die sie über die großen Trassen des alten Heerweges nach Süden zu den Märkten, insbesondere nach Wedel, treiben ließen.

Die Kriege des 17. Jahrhunderts brachten den Ochsenhandel zum Erliegen, ruinierten Teile Schleswigs und Holsteins wirtschaftlich und brachten erhebliche Verluste in der Bevölkerung mit sich. Danach erreichten die Ochsentriften nie mehr ihren vorherigen Umfang, in Spitzenzeiten im 16. Jahrhundert waren bis zu 50.000 Tiere nach Süden getrieben worden.

Getrieben wurde noch bis ins 19. Jahrhundert. Danach übernahm die Eisenbahn den Viehtransport über Land. Der Ochsenweg verschwand, wurde überbaut – Teilstücke sind aber noch immer zu finden. Geblieben ist den Norddeutschen die Wertschätzung zum Rindvieh und Labskaus.

Hering Seit Urzeiten fängt der Mensch Fisch. Wie frühgeschichtliche Funde aus Dänemark belegen, gehörte auch der Hering schon damals zum Speiseplan unserer Ahnen, was kaum verwunderlich ist, ist er doch leicht von der Küste aus zu fangen. Im europäischen Raum weiß man von den Germanen, dass sie den Hering bereits kannten, während die Römer erst durch sie mit ihm in Berührung kamen und seinen Namen als Lehnwort übernahmen. Ein erstes schriftliches Zeugnis über den Hering aus dem 3. Jahrhundert gibt hierüber Auskunft.

Als im 10. Jahrhundert der arabische Kaufmann al-Tartuschi Schleswig-Holstein bereiste, wusste er zu berichten, dass sich die Bewohner dieser

Region vornehmlich von Fischen ernährten, die es dort reichlich gäbe. Diese – aus arabischer Sicht nicht besonders schmeichelhafte – Beschreibung ist einer der frühesten Belege dafür, wie bedeutend die Fischerei für die Ernährung im Norden gewesen ist. Über Jahrhunderte spielte dabei der Hering eine besondere Rolle.

Sein deutscher Name leitet sich aus dem Lateinischen von »clupea harengus« ab. Heringe sind wandernde Schwarmfische, die regelmäßig bestimmte Gebiete in der Nord- und Ostsee aufsuchen. Es gibt eine Vielzahl von Heringsarten, die sich vor allem durch ihre Laichzeiten und ihre Laichgebiete unterscheiden. Wichtig für Schleswig-Holstein und Dänemark sind vor allem die Frühlingslaicher des südwestlichen Ostseeraumes. Sie halten sich im Sommer, Herbst und Winter im Kattegatt und Skagerrak auf und ziehen zum Laichen in die nahrungsreichen Förden Jütlands. Diese Heringe sind besonders begehrt, weil sie fett und groß sind. Seit wann Heringe auch im Binnenland auf dem Speisezettel standen, konnte nie genau geklärt werden. Aber seit dem 10. Jahrhundert findet sich das Wort Hering auch im Süddeutschen. In der alten Wikingersiedlung Haithabu in der Nähe des heutigen Schleswigs wurden Reste nachgewiesen, die auf das Konservieren von und den Handel mit Heringen hinweisen. Belegt ist auch, dass um 1130 deutsche Kaufleute mit Heringen von Rügen handelten. Spätestens seit dem 12. Jahrhundert wurde regelmäßig gesalzener Hering aus der Ostsee über Norddeutschland nach Süden exportiert.

Beliebte Fastenspeise Etwa ab dem 7. Jahrhundert wurde eine relevante Heringsfischerei betrieben und der Hering mittels Salz konserviert. So finden sich aus dem Jahr 709 schriftliche Heringszeugnisse darüber in den Büchern des Klosters Evesham (England). Die Erwähnung in einem christlichen Kontext ist nicht überraschend, da Hering lange Zeit neben Stockfisch und eingesalzenem Wal als Fastenspeise galt. So erwarb etwa das Kloster Sankt Gallen ab 1035 regelmäßig Heringe, die sich auch um 1500 noch auf dem Speiseplan des Freiburger Nonnenklosters St. Clara zur Fastenzeit finden.

Zu Lebzeiten Karls des Großen gab es in Flandern und an der nordfranzösischen Küste einen regen Heringsfang. Da dieser sich in den nachfolgenden Jahrhunderten des Mittelalters immer mehr ausweitete, wurde der Heringshandel in Frankreich ab dem 14. Jahrhundert mit Zöllen und Abgaben belegt, wodurch die jeweiligen Monarchen am Hering als lukrativer Einnahmequelle kräftig profitierten. Zahlen mussten letztlich alle, die am Hering verdienten. Dabei war es egal, ob in Fisch oder Münzen, seinen Tribut bekam der Hof so oder so.

Vor den Küsten Norwegens und Schwedens fing man ebenfalls schon ab dem 9. Jahrhundert in größerem Umfang Hering. Gerade die Region Schonen in Südschweden war eines der wichtigsten Fanggebiete, da hier die Heringsschwärme auf ihrem Weg zu ihren Laichplätzen in ungeheuren Schwärmen dicht vor der Küste vorbeizogen. Es wird berichtet, dass Schiffe teilweise nicht mehr bewegt werden konnten, weil die Heringe sie eingekeilt hatten.

Lübecks Wohlstand auf Hering gebaut Der Aufstieg Lübecks am Ende des 12. Jahrhunderts war auf Heringstonnen gebaut. Drei Faktoren trugen dazu bei:

Erstens die fortschreitende Christianisierung Europas. Sie verordnete den Gläubigen bis zu 140 Fastentage und erhöhte so die Nachfrage nach Fisch. Hering bot sich besonders an, da er eingesalzen über weite Strecken transportiert werden konnte und mindestens zwei Jahre haltbar war. Konserviert wurde er mit Lüneburger Salz. Die Salinen erzeugten ein fast reines Steinsalz, das besser geeignet war als etwa das nordfriesische Salz. Dieses wurde durch Verbrennen von seewassergetränktem Torf gewonnen, dadurch war es bitter und konservierte aufgrund enthaltender Fremdstoffe schlechter.

Das Lüneburger Salz und die günstige Lage der Stadt für den deutschen Ostseehandel versetzten Lübeck – zweitens – in die Lage, sich eine entscheidende Rolle im Handel zu sichern.

Zum Dritten besaßen die Lübecker Kaufleute, die zumeist aus Westfalen eingewandert waren, ein gutes Handelsnetz, um die Heringe im Süden abzusetzen. Diese Faktoren waren die Basis der Lübecker Kaufleute für den Aufbau eines internationalen Heringshandels und damit für den Wohlstand der Hansestadt.

Seine Blütezeit hatte der Heringsfang in der westlichen Ostsee ab dem 13. Jahrhundert. Auch an der deutschen Ostseeküste bekamen Städte wie Rostock 1252 oder Greifswald und Kolberg 1255 von ihren Landesherren, die wiederum ihren Teil vom Fang oder dessen Erlös für sich beanspruchten, Fischereirechte zugeteilt.

Globales Handelsgut Die Ostseefischerei und mit ihr vor allem die bedeutende Schonenfischerei ging im 16. Jahrhundert allmählich nieder, weil es in der Ostsee immer weniger Hering gab. Da hatte ohnedies längst die große Zeit der Nordseefischerei begonnen. Besonders die Doggerbank, eine 300 bis 350 Kilometer lange und 125 bis 150 Kilometer breite Untiefe (stellenweise beträgt die Wassertiefe nur 13 Meter) zwischen der englischen und der dänischen Küste, wurde befischt. Bis heute ist sie ein wichtiges Fanggebiet für den Hering.

Im Hochmittelalter nahm zunächst das englische Yarmouth eine zentrale Position für den Nordseeheringsfang ein. Wie schnell sich die Heringsfischerei vom 9. Jahrhundert bis ins 14. Jahrhundert entwickelte, zeigt die Zahl von angeblich 30 Millionen gefangenen Heringen im Jahr 1336, von denen 500.000 Stück gemäß eines Edikts von 1302 an den englischen Königshof geliefert werden mussten. Ab etwa 1400 schrumpfte die englische Nordseefischerei immer mehr zusammen, woran ein anderes Edikt von Edward I. Anteil hatte. Er erlaubte 1295 Fischern anderer Länder, sich am Heringsfang zu beteiligen, eine Öffnung, die vor allem für die Niederländer von unschätzbarem Nutzen sein sollte. Um 1340, zu Beginn des Hundertjährigen Krieges, konnte der englische König Edward III. seine

Truppen, die in Flandern gegen das französische Heer Philipp VI. kämpften, noch leicht mit 480.000 Heringen aus Yarmouth versorgen.

Bevor der Heringsfang in der Ostsee seinen Niedergang erlebte und die Nordseeheringsfischerei im 15. Jahrhundert deren führende Rolle übernahm, blühte noch der Handelsverbund der Hanse zwischen dem 12. und dem 17. Jahrhundert auf, dessen Macht vom 13. bis zum 15. Jahrhundert am umfassendsten war. Den Hering, den einzigen Fisch neben Stockfisch und Kabeljau, der zu damaliger Zeit haltbar gemacht werden konnte, lieferte man von Südschweden über Lübeck nach ganz Mitteleuropa. Er war dabei für die Hanse von ebenso großer Bedeutung wie das Salz, das aus den Lüneburger Salinen nach Schonen gebracht wurde. Und auch die dänischen Könige, zu deren Hoheitsgebiet der schwedische Süden gehörte, finanzierten sich zu einem Gutteil von diesem Handel, den sie – hier in nichts den französischen oder englischen Königen nachstehend – mit hohen Abgaben belegten.

Lukrative Piratenbeute Aber nicht nur für die zu fernen Ufern Strebenden, sondern auch für Piraten, wie den allseits bekannten Klaus Störtebeker, waren Schiffe mit Heringsfässern eine lukrative Beute. Sie holten sich den silbernen Schatz und verkauften ihren Raub dann an den nächsten Besten. So wurden auch Piraten letztlich zu einem Glied in der Kette des Heringshandels.

Mit dem Verschwinden der großen Heringsschwärme in der Ostsee und dem damit verbundenen Zusammenbruch des Heringshandels begann schließlich auch der Niedergang der Hanse. Zugleich aber stiegen die Niederlande als erste Heringsnation auf. Das hatte neben der Verlagerung der Fanggründe in die Nordsee weitere Ursachen. Das bereits verbriefte Recht, sich am Heringsfang beteiligen zu dürfen, wurde vom englischen König Heinrich VII. 1494 nicht nur bestätigt, sondern den Niederländern wurden die gleichen Rechte wie den Engländern hinsichtlich des Heringsfangs eingeräumt. So konnten sie die ertragreichen Fanggründe vor der englischen und schottischen Küste ausbeuten. Das gelang ihnen besonders gut, weil sie zusätzlich den Heringsfang von der Küstenfischerei zur Hochseefischerei umgestalteten. Bis dato wurden zum Fang Schuten mit vier bis sechs Mann Besatzung eingesetzt. Ab 1416 kamen dann Büsen (Buise) zum Einsatz, etwas plump wirkende, eindeckige Schiffe mit für damalige Verhältnisse großer Ladekapazität (für bis zu 100 Fässer war Platz da). Diese waren im Gegensatz zu den Schuten hochseetauglich, ein Vorteil, der den Niederländern einen uneinholbaren Vorsprung verschaffte. Zusammen mit den Jagern, schnellen Schonern oder Briggs, die den gefangenen Hering übernahmen und an die Küste brachten, konnte man mit den nun gebräuchlichen Treibnetzen mehr Hering fangen als je zuvor. Und man war konkurrenzlos.

Vom Hering zum Matjes Matjes ist im Norden einer der beliebtesten Begleiter zum Labskaus. Was aber ist ein Matjes eigentlich?

Ein Matjes ist ein junger Hering. Er ist keine »Jungfrau«, wie häufig behauptet wird, sondern hat sich in seinem Leben schon mindestens einmal fortgepflanzt, nur nicht in dem Jahr, wo er gefangen und zum Matjes veredelt wird.

Ein Hering kann stolze 25 Jahre alt werden. Aber nur aus den besten drei- bis vierjährigen Heringen, gefangen im Frühjahr und bevor sie Milch und Rogen angesetzt haben, wird Matjes produziert. In dieser Zeit beginnen sie, eiweißreiches Plankton zu fressen, und steigern dadurch ihren Fettgehalt, der für den Geschmack wichtig ist. Das angefressene Fett benötigen die Heringe, um ihre Geschlechtsmerkmale, Milch (Samen) und Rogen, auszubilden.

Zuerst wird der Hering gekehlt, das heißt ausgenommen. Ein kleiner Rest, die Bauchspeicheldrüse, verbleibt im Fisch, da seine natürlichen Enzyme den Hering zum Matjes reifen lassen. Mit Salz vermengt reift der Hering nun sieben Tage im Fass und wird anschließend sorgfältig von Hand filetiert.

Da die jungen Heringe heutzutage gleich nach dem Fang schockgefroren werden, können sie das ganze Jahr über, ohne an Qualität zu verlieren, frisch verarbeitet werden. Die Heringe, aus denen Matjes gemacht wird, werden vor allem in der zentralen Nordsee, vor Schottland und Island und vor den Gewässern Norwegens gefangen.

Der Name für den jungfräulichen Hering hat der Legende nach seine Wurzeln im holländischen Wort für Mädchen, Meisjes.

Während die Holländer Matjes meist als kleinen Snack zwischendurch goutieren, hat sich in Norddeutschland eine reichhaltige Tisch- und Esskultur um den »Kulthering« entwickelt. Er wird im Fischbrötchen gereicht, mit zahlreichen Beilagen verspeist und natürlich zum Labskaus serviert.

Ein frisches Matjesfilet sollte unbedingt silbrig-braun glänzen, die Filetunterseite leicht rötlich – hieran lässt sich auch ein an der Gräte gereifter Matjes gut erkennen. Qualitätsmatjes ist zart mit leichtem Biss und duftet und schmeckt mildsalzig nach Meer, Algen und feiner Butter. Ein schmackhafter Matjes hat einen Fettgehalt von mindestens 12 und höchstens 20 Prozent.

Heute gilt Matjes als eine norddeutsche Delikatesse. Früher wurde der Hering nur deshalb in Salz eingelegt, um ihn lange haltbar zu machen. Er musste vor dem Verzehr erst gewässert werden, um genießbar zu sein. Konsistenz und Geschmack litten darunter. Heute wird bei guter Matjes-Herstellung – wie zum Beispiel in Glückstadt an der Elbe und Eckernförde an der Ostsee – gerade so viel Salz verwendet, dass der Matjes seine charakteristischen Geschmacksaromen besonders gut ausbilden kann. Auch die Frische bei der Verarbeitung und die sorgfältige Handarbeit sorgen dafür, dass aus dem Hering eine zarte und aromatische Delikatesse wird.

Matjes mundet aber nicht nur gut, sondern ist auch gesund. Er hat einen hohen Natriumgehalt und enthält viel Phosphor, Kalium, Magnesium und Kalzium. Ein Matjes liefert fast den Tagesbedarf an Jod. Angesichts seines hohen Fettgehalts ist Matjes besonders gesund.

Das Fisch-Informationszentrum in Hamburg schätzt, dass rund 100 Millionen Matjesfilets von je 40 bis 45 Gramm jährlich in Deutschland verzehrt werden. Die meisten natürlich im Norden der Republik. Und bestimmt schmücken zahlreiche Exemplare davon einen Labskausteller.

Bismarckhering und Rollmops Um Bismarcks zügellosen Appetit ranken sich zahllose Geschichten und Anekdoten. Zeugen einer Tafelrunde wollen 150 verschlungene Austern bei einem Mahl gezählt haben. 5000

Flaschen Champagner soll er nach eigenen Angaben in seinem Leben getrunken haben. Aber auch Bier und gutem französischen Wein gegenüber war der Reichskanzler nicht abgeneigt. Seinem Leibarzt zufolge gehörten 16 Eier zu einem alltäglichem Bismarck-Frühstück. Anschließend gab es noch einige Gläser Portwein, um sein »Blut in Wallung« zu bringen.

Aber wie kam der Bismarckhering zu seinem Namen? Viele Legenden ranken sich um den Namen des sauer eingelegten Heringsfilets, und eine kommt aus Stralsund. Dort lebte Mitte des 19. Jahrhunderts ein Geschäftsmann namens Johann Wiechmann. Und der war nicht nur tüchtig, er hatte auch noch Glück.

Tausend Goldmark gewann er in einer Lotterie, und die investierte er in die Gründung einer Fischkonservenfabrik. Seine Frau Karoline hatte die Idee, Heringe in einen sauren Aufguss einzulegen und sie in Holzfässchen zu verschicken.

Johann Wiechmann war ein großer Verehrer Otto von Bismarcks. Um seiner Verehrung Ausdruck zu verleihen, wollte er seinem Idol ein Geburtstagsgeschenk machen. Also schickte er dem Fürsten ein Fässchen eingelegter Heringe. Bismarck bedankte sich artig in einem persönlichen Schreiben. Nach der Reichsgründung 1871, von nationalen Gefühlen übermannt, schickte Wiechmann ein zweites Fass an Bismarck, der nun Kanzler des Deutschen Reiches war.

Doch dieses Mal schrieb nicht nur der Patriot, sondern auch der Geschäftsmann Wiechmann, und fragte, ob er in Zukunft diese Spezialität unter dem Markennamen »Bismarckhering« verkaufen dürfe. Der Kanzler gab angeblich handschriftlich sein Einverständnis. Beweisen lässt sich das nicht, das vermeintliche Schreiben Bismarcks wurde bei einem Bombenangriff auf Stralsund im Oktober 1944 Opfer der Flammen.

Eine andere Legende besagt, dass Bismarck während eines Frontbesuchs im deutsch-dänischen Krieg 1864 bei einem Wirt in Flensburg zu Mittag aß. Den Hering des Wirtes soll der Reichskanzler besonders gelobt haben. Von da an führte der Wirt den Fisch als »Bismarck-Hering« auf seiner Karte.

Oder vielleicht gab das Zitat von Bismarck »Wenn der Hering so teuer wie der Hummer wäre, gälte er mit Sicherheit in den höchsten Kreisen als Delikatesse« dem Hering seinen Namen? Vielleicht ist die Namensgebung auch auf die Stadt Bismark in der Altmark zurückzuführen? Oder auf seinen Hausarzt, der ihm aus gesundheitlichen Gründen empfohlen hatte, möglichst viel Hering zu essen? Wie dem auch sei, zumindest wird Bismarck auch in Form einer Labskausbeilage gedacht.

Der Rollmops soll seinen Urprung in der ersten Hälfte des 19. Jahrhunderts gehabt haben, als man in der Biedermeierzeit Form und Aussehen des Rollmopses mit der Form der Hunderasse Mops assoziierte. Er gilt als Spezialität der Berliner Küche und soll auch dort erfunden worden sein.

Rollmops ist in Essig und Salz eingelegter Hering. Die von Kopf, Flossen (mit Ausnahme der Rückenflosse), Gräten und Innereien befreiten Heringe werden dazu viele Tage in einer Lake aus Essig und Salz eingelegt. Ins Innere wird üblicherweise ein Stück saure oder Gewürzgurke und manchmal auch Zwiebel gefüllt. Selbst gemachter Rollmops hat nichts mit den Fertigprodukten aus den Supermarktregalen zu tun, die den Möpsen mit Saccharin und Natriumglutamat zusetzen. Er kann eine wahre Delikatesse sein und lindert nicht nur den Kater beim Frühstück. Rollmops ist und bleibt ein perfekter Begleiter zum Labskaus.

Rote Bete, Steckrübe und saure Gurke

Die Rote Rübe hat einst ganze Generationen gequält. Die Altvorderen, die die mageren Winter – auch Rübenwinter genannt – der Kriegs- und Nachkriegszeit erlebten, erzählen noch heute mit bitterem Geschmack im Mund: Rote Rüben gab's tagein, tagaus als Suppe, als Salat, als Gemüse, in Scheiben und in Würfeln – kein Wunder also, dass vielen zwischendurch der Appetit auf die Gemeine Runkelrübe vergangen ist.

Wir Nordlichter kannten die Rote Bete lange Zeit nur sauer: eingelegt im Heringssalat, als Beilage zu Bratkartoffeln und vor allem zum oder im Labskaus.

Dabei kennt der Europäer die Wurzelknolle der Beta vulgaris, die der Farbstoff Anthozyan so rot färbt, schon lange – die Wildform ist seit 4000 Jahren bekannt. Der griechische Philosoph und Naturforscher Theophrastos (371 bis etwa 287 v. Chr.) und der römische Gelehrte Plinius der Ältere (23 bis 79 n. Chr.) berichteten, dass die Rote Bete – sie kam aus Sizilien – bei den Griechen und Römern sehr beliebt war. Mit den Römern kam das Gemüse erstmals auch nach Mitteleuropa. Karl der Große ordnete ihren Anbau an. Besonders in Klostergärten wurde die Rübe kultiviert. Sie hat eine anregende, appetitsteigernde Wirkung, und ihr Saft färbt stark. Die slawische Küche beweist mit ihrem Borschtsch, dass die Rote Bete auch gut schmeckt. Süd- und osteuropäischen Einflüssen ist es zu verdanken, dass heutzutage die Rübe wieder zu kulinarischen Ehren kommt. Vollkommen zu Recht, ist sie doch gut zubereitet eine fruchtig-frische, erdige-süßliche Köstlichkeit mit viel Genusspotenzial, auch im und am Labskaus.

Es gibt auch gelbe und weiße Verwandte der Roten Bete. Sie schmecken angenehm fruchtig und sind süßer als die roten.

Und alle drei Arten sind gesund. Sie stärken die Nerven, helfen bei der Blutbildung und sorgen für eine gute Verdauung. Durch ihren antioxidativ wirksamen Farbstoff, die sogenannten Betalaine, beugen sie Gefäßablagerungen vor, mildern Entzündungen und schützen die Zellen. Nach Erkenntnissen einiger Studien sollen sie sogar den Alkoholspiegel im Blut senken. Im Volksmund gibt der Genuss der Rübe dem Schwachen Kraft und dem Schüchternen Sicherheit. Und dem Labskaus verleiht Rote Bete ein appetitliches Aussehen.

Bei Zutaten wie Kartoffeln und Pökelfleisch sind sich Norddeutsche und Skandinavier einig. Geografisch wie kulinarisch ist man Nachbar und hat viele Gemeinsamkeiten. So findet sich die Steckrübe im gesamten nordeuropäischen Kulturraum, im Labskaus allerdings nur bei den Norwegern.

Die Rübe, auch bekannt als Kohlrübe (Brassica napobrassica), ist eine Kreuzung aus Herbstrübe und Kohlrabi und stammt ursprünglich aus dem westlichen Mittelmeerraum. Die Steckrübe wird im Herbst geerntet und kann den ganzen Winter über gelagert werden.

Wie die Kartoffel ist sie ein gesundes, ernährungsphysiologisch wertvolles Wurzelgemüse, einerseits kalorienarm und mit 84 Prozent Wassergehalt, andererseits reich an Traubenzucker, Eiweiß, Fett, Kalzium, Provitamin A und den Vitaminen B1, B2 und C.

Roh schmeckt die Rübe herb und erdig, gekocht entfaltet sie allerdings ihr prächtiges Aroma, und der süßliche Geschmack der Rübe entwickelt sich. Aus der unscheinbaren Rübe lassen sich herrliche Pürees bereiten. Auch für Aufläufe, Eintöpfe und als Begleiter für Fisch- und Fleischgerichte ist sie ideal. In Schleswig-Holstein sind der aus Rüben, Kartoffeln und Schweinefleisch gekochte Steckrübeneintopf sowie Rübenmus Küchenklassiker. Beim »Lübecker National« wird ein Teil der Steckrüben durch Wurzeln ersetzt, auch bei diesem Gericht hat jede Region ihre besondere Zubereitungsart. Auch »gestovte« Steckrüben kennt man, dabei werden fein gewürfelte Steckrüben in einer hellen Mehlschwitze zu Fleisch gereicht.

Seit dem berüchtigten »Kohlrübenwinter« 1916/17 im Ersten Weltkrieg waren die Rüben lange Zeit verrufen. Da die Ernteerträge bei Getreide und Kartoffeln durch den kriegsbedingten Mangel an Arbeitskräften, Maschinen und Düngemitteln stark zurückgingen, nahm die Steckrübe die Stelle der Kartoffel als Grundnahrungsmittel ein. Die Rübe wurde in dieser Zeit auch für Nachspeisen verwendet. In der Folgezeit, in der es wieder aufwärts ging, wurden Steckrüben unpopulär und fast ausschließlich als Futterrüben angebaut. Mit der Rückbesinnung auf die traditionelle Küche und der Wiederentdeckung ihres kulinarischen Potenzials werden Steckrüben nun sogar in der Sterneküche verwendet, und im Norden gilt erneut: kein Winter ohne Steckrübenessen.

Bleibt noch die saure Gurke zu erwähnen, die den Tellerrand eines jeden norddeutschen Labskaus schmückt und durch ihre Säure einen schönen geschmacklichen Kontrast zum Rindfleisch-Kartoffelstampf bildet.

Wie viele Gemüse wurden auch frische Gurken früher sauer eingelegt oder mittels Milchsäuregärung, also Fermentierung, für den Winter haltbar gemacht. Aus dieser Zeit stammt auch der bis heute gebräuchliche Ausdruck der Sauren-Gurken-Zeit. In England sprach man auch von der »Jahreszeit der kleinsten Kartoffeln«, also der Zeit, in der es kaum frische Lebensmittel gab. Was könnte also besser zu Labskaus passen als die saure Gurke?

LABSKAUS-REZEPTE

– und wer sie kocht

Von traditionell bis für Gourmets

Labskausrezepte von Jochen Strehler

Spitzenkoch mit Labskausambitionen Der kulinarische Lebenslauf von Jochen Strehler ist geprägt durch seine Lehrmeister, den bekannten Sterneköchen Fritz Schilling, Lothar Eiermann und Dieter L. Kaufmann. Er war einer der ersten Spitzenköche im Norden, der die damalig französisch geprägte »Luxusküche« mit regionaler »Heimatküche« versöhnte. So fand er seine Leidenschaft für Labskaus und überzeugt selbst Skeptiker vom großartigen kulinarischen Potenzial der alten Seefahrerspeise. Gemeinsam mit seiner Frau Anna Anja Strehler betreibt er den Kieler Gildepark.

Jochen Strehler über Labskaus Es fing in meiner Jugend ganz schrecklich mit Labskaus an. Mein erstes Labskaus bekam ich in einer Bremer Hafenspelunke während eines Familienurlaubs mit acht Jahren serviert.

Die merkwürdig »dreckig« hellbraun-rote Farbe gefiel mir nicht, das Spiegelei war mit brauner Kruste, der Hering wirkte auf mich auch eklig. Dazu roch der Brei doof und schmeckte stumpf. Ich konnte es nicht aufessen, was bei mir selten vorkam. Aber meine Eltern und ein Onkel meinten, das gehöre so, und ich wäre wohl noch zu jung für Labskaus.

Der zweite Versuch einige Jahre später ging auch schief und konnte mich ebenfalls nicht überzeugen. Es war eine Dosenversion eines bekannten Delikatessenhändlers aus Bremen. Ich meinte zu erkennen, wo der Wirt der Hafenspelunke von damals seine Pampe herhatte.

Viele Jahrzehnte vergingen, in unserem eigenen Restaurant »Lüneburg Haus« in der Kieler Altstadt wollte mich mein neuer Mittagskoch davon überzeugen, es doch mal beim Mittagstisch damit zu probieren. Er konnte mich mit viel Mühe zu einem Versuch überreden, und ab da war ich Fan dieses Gerichts. Der junge Mann hatte unter anderem im »Fischereihafen Restaurant« in Hamburg gelernt und von dort auch das Rezept mitgebracht. Seitdem koche ich Labskaus im Grundsatz immer noch so, und ich liebe es bis heute. Man könnte von einer späten Liebe sprechen.

Ich persönlich liebe die klassische Hamburger Version, in der die Hauptzutaten zusammen, allerdings ohne jeglichen Fisch, durch den Fleischwolf gedreht werden. Die Bremer würfeln wohl lieber alle gegarten Zutaten und kochen das Ganze dann zusammen auf. Ich zumindest habe noch keine überzeugende Ausführung dieser Version genießen dürfen.

Ich mag Labskaus am liebsten mit einem Rollmops oder Bismarckhering, die Säure tut dem Gericht sehr gut. Zwei Spiegeleier, sanft gegart obenauf, runden das Gericht wunderbar ab, wenn das flüssige Eigelb zum rosa Brei gelangt.

Die Zutaten sollten vor dem Wolfen gut abgekühlt sein, sonst entsteht eine merkwürdige Textur. Den Hering lasse ich niemals in den Wolf und nicht in das Labskaus an sich. Dann kann auch ein Fischverächter mitessen, und geschmacklich ist es meiner Meinung nach besser so.

Am Ende des Erhitzens, kurz vor dem Servieren, sollte unbedingt noch etwas Rote-Bete-Saft in den »Brei« gegeben werden, um eine appetitliche Farbe zu bekommen.

Und der oft geschriebene »Geheimtipp«, man könne doch ebenso Corned Beef aus der Dose statt frisch gekochter, gepökelter Rinderbrust nehmen, sollte unbeachtet bleiben, das Ergebnis ist nicht annähernd vergleichbar.

Labskaus hat in jedem Fall das Potenzial, zu überleben und auch folgende Generationen anzusprechen. Aber vielleicht wird man die jungen Leute wie schon immer etwas »überreden« müssen, die Hemmschwelle einreißen. Dann aber kann es gelingen, dieses Gericht zu erhalten. Die Gesellschaft wandelt sich, die Kultur, die Esskultur. So sollte man es mit Labskaus auch halten – vorsichtig modernisieren.

Original norddeutsches Labskaus

Man nehme (für vier Personen)

300 g frische Rote Bete
500 g mehlig kochende Kartoffeln
500 g gepökelte Rinderbrust
3 Zwiebeln (gepellt) und ein kleines **Suppenbund** (geputzt)
7 große Essiggurken, eine kleine Handvoll Kapern
8 gewässerte Salzheringsfilets, ersatzweise Matjesfilets
8 Eier
Salz, Pfeffer, Senf, Meerrettich, Curry
gebraucht wird ein Fleischwolf

Zubereitung

- Die Rote Bete kräftig schrubben und in reichlich Salzwasser weich kochen. Mit kaltem Wasser abschrecken, die Haut abziehen, anschließend mit kaltem Salzwasser übergießen und den roten Sud auffangen, da er später noch gebraucht wird.
- Die Rinderbrust in kaltem Wasser aufsetzen und leicht köchelnd weich kochen.
- Nach ca. 1 Stunde eine Zwiebel und das Suppengemüse zugeben.
- Die Kartoffeln gar kochen und pellen.
- **Die Schritte bis hier hin sollten einige Stunden oder auch am Tag vor dem Essen durchgeführt werden. Die Zutaten sollten vor dem Weiterverarbeiten kalt sein.**
- Rote Bete, Rinderbrust und Kartoffeln zusammen mit den Kapern, 3 Essiggurken und 2 rohen Zwiebeln durch die mittlere Scheibe des Fleischwolfs drehen.
- Alles in einen großflächigen Topf geben, etwas von der Rinderbrühe und dem entstandenen Rote-Bete-Wasser angießen und zusammen unter ständigem Rühren zum Kochen bringen – es soll ein dicker Brei entstehen.

- Mit Salz, Pfeffer, Senf, Curry und geriebenen Meerrettich würzen und abschmecken.
- Spiegeleier braten.
- Auf Tellern oder einer Platte anrichten, mit den Heringsfilets und Essiggurken garnieren und Spiegeleier obendrauf legen.

Labskaus modern

Vom Galloway-Weideochsen und Wachtel
mit Glückstädter Matjes und Portulak

Man nehme (für vier Personen als Hauptgang mit Hühnereiern oder für acht Personen als Vorspeise mit Wachteleiern)

1 kg gepökelte Rinderbrust (bevorzugt vom Robust-Rind wie Galloway)
500 g mehlig kochende Kartoffeln
500 g frische große Rote Bete
2 große Zwiebeln, 2 Karotten, ¼ Sellerie
jeweils 2 EL: Kapern, scharfer Senf, gutes Ketchup, geriebener Meerrettich
Gewürze: Salz, Pfeffer, Zucker, Cayenne, Curry, Lorbeer, Wacholderbeeren, Piment, Nelken
milder Essig, gutes **kalt gepresstes Rapsöl**
8 frische (Wachtel)-Eier
500 g frischer Portulaksalat, 1 kleine rote Zwiebel
gebraucht wird ein Fleischwolf

Zubereitung

- Die Rinderbrust in leicht gesalzenem Wasser ca. 1 Stunde leicht kochen, dabei stetig den Schaum abschöpfen.
- Dann eine der Zwiebeln, Karotten und Sellerie ungeschnitten hinzugeben, außerdem 3 Lorbeerblätter, einige Wacholderbeeren und Pimentkörner, 2 Nelken.
- Nach ca. 2 Stunden ist die Brust weich. Diese herausnehmen und mit einem feuchten Tuch abgedeckt abkühlen lassen. Die Brühe durch ein feines Sieb geben, nach kleiner Ruhepause das abgesetzte Fett abschöpfen und aufbewahren.
- Kartoffeln und Rote Bete ungeschält in getrennten Töpfen in mit Salz und Kümmel gewürztem Wasser weich kochen und danach pellen.
- Das Rote-Bete-Wasser absieben und aufheben, mit einem Spritzer Essig leicht säuern.
- Hierhinein die gepellte Rote Bete geben. Das ergibt einen schönen roten Sud, den wir später noch brauchen werden.
- **Die Schritte bis hier hin sollten einige Stunden oder auch am Tag vor dem Essen durchgeführt werden. Die Zutaten sollten vor dem Weiterverarbeiten kalt sein.**
- Von der erkalteten Rinderbrust mit der Aufschnittmaschine oder mit einem dünnen großen Messer einige hauchdünne Scheiben abschneiden. Diese in Pfeffer, Salz, etwas Essig und Öl marinieren.
- Zum späteren Anrichten etwas Rote Bete beiseitestellen.
- Den Rest der Brust (das anhaftende Fett bitte auch!) zusammen mit der Roten Bete, den Kartoffeln, den Kapern und der zweiten Zwiebel durch die mittlere Scheibe des Fleischwolfs drehen.
- Dieses Mus nun in einem ausreichend großen Topf unter ständigem Rühren zum Kochen bringen. Dabei in gleichen Teilen nur so viel Rote-Bete-Sud und Rinderbrühe zugeben, dass die Konsistenz so locker wie möglich wird, ohne dabei zu zerfließen.
- Mit Salz, Pfeffer, wenig gemahlenem Kümmel, Cayenne, Curry,

Ketchup und dem Meerrettich abschmecken. Auch kann das Kapernwasser hier zum Abschmecken genutzt werden.
- Etwa eine Tasse der Rinderbrühe in einem kleinen Topf auf wenige Esslöffel reduzieren lassen, dann mit etwas Rapsöl zu einer zarten Emulsion aufschlagen.
- Die rote Zwiebel sehr fein würfeln.
- Die (Wachtel-)Eier bei zarter Hitze in etwas Öl zu Spiegeleiern braten, mit einem passenden Ring ausstechen.
- Den Portulak von Wurzel und zu viel Stielanteil schneiden, waschen und sorgfältig abtropfen.
- Matjesfilets in Rauten schneiden.
- Den Portulak auf den Tellern zu einem kleinen Kranz legen.
- Labskaus in der Mitte rund anrichten, Spiegelei obenauf legen, die marinierten Brustscheiben, Matjesrauten und Rote Bete anlegen.
- Mit der hellen Sauce umgießen. Rote-Zwiebel-Würfel auf den Portulak streuen und fertig.

Labskaus mit Stockfisch

Man nehme (für vier Personen)

1 kg Klippfisch (luftgetrockneter Kabeljau)
Da man diesen nicht überall bekommt, gehen alternativ auch 1,5 kg frisches Kabeljau- oder Dorschfilet und 150 g Meersalz.
2 große Zwiebeln
je 2 Lorbeerblätter und Gewürznelken
jeweils ½ EL Pfeffer- und Senfkörner
Saft von 1 Zitrone
500 g mehlig kochende Kartoffeln

500 g frische Rote Bete
jeweils 2 EL: Kapern, scharfer Senf, gutes Ketchup, geriebener Meerrettich
pro Person 2 milde Gewürzgurken oder entsprechend kleine Cornichons, etwas frischer **Dill, Schnittlauch und Petersilie**
Gewürze: Salz, Pfeffer, Zucker, Cayenne, Curry, etwas milder Essig
4 bzw. 8 frische Eier (je nach Appetit)

Zubereitung

Vorbereitungsarbeiten

- Den Klippfisch 24 Stunden in reichlich Wasser entsalzen, das Wasser dabei öfter wechseln und immer gekühlt halten.
- *Bei der Alternative Frischfisch diesen mit dem Salz vermengen und 24 Stunden kalt stellen. Dann den Fisch kurz abspülen.*

Für beide Versionen geht es gleich weiter

- Für jede Person einen Filetwürfel von 50–60 g herausschneiden, mit Zitronensaft beträufeln und kühl stellen für später.
- Den Rest des Fischs in einen Kochtopf geben, mit Wasser bedecken, die geschälten und halbierten Zwiebeln, Lorbeerblätter, Wacholderbeeren, Senf- und Pfefferkörner zugeben und zum Kochen bringen.
- 20 Minuten unter dem Siedepunkt ziehen, dann abkühlen lassen.
- Fisch herausnehmen, sorgfältig von allen Gräten und der Haut befreien.
- Zusammen mit der weichen Zwiebel mit der Gabel grob zerdrücken.
- Den Fischsud durch ein feines Haarsieb oder ein Tuch seihen. Beides beiseitestellen.
- Gewaschene und ungeschälte Kartoffeln und Rote Bete in getrennten Töpfen in mit Salz und Kümmel gewürztem Wasser weich kochen und pellen.
- Das Rote-Bete-Wasser absieben, aufheben und mit einem Spritzer Essig leicht säuern. Hierhinein die gepellte Rote Bete geben. Das ergibt einen schönen roten Sud, den wir später noch brauchen werden.

- **Die Schritte bis hier hin sollten einige Stunden oder auch am Tag vor dem Essen durchgeführt werden. Die Zutaten sollten vor dem Weiterverarbeiten kalt sein.**

Fertigstellen

- Aus der gekochten Bete für jede Person einige Kugeln ausstechen oder Würfel schneiden. Diese mit Essig, Zucker und Salz abschmecken.
- Rest fein hacken, nach Geschmack per Hand (mehr Biss) oder feiner in der Küchenmaschine.
- Kartoffeln mit einem Kartoffelstampfer oder in einer Spätzlepresse zerdrücken oder ebenso ganz fein würfeln.
- Kartoffelmus, Rote-Bete-Püree und den mit Zwiebeln zerdrückten Fisch zusammen in einem großen flachen Topf vermengen und langsam unter ständigem Rühren zum Kochen bringen.
- Dabei peu à peu nur so viel Fischbrühe und etwas Rote-Bete-Sud zugeben, dass die Konsistenz so locker wie möglich wird, ohne dabei zu zerfließen.
  Vorsichtig: »blubbert« beim Aufkochen, Gefahr des Verbrühens!
- Mit Salz, Pfeffer, einer Prise gemahlenem Kümmel, Cayenne, Curry, Ketchup und dem Meerrettich abschmecken. Auch etwas Kapernwasser kann zum Abschmecken genutzt werden. Warmhalten.
- Die marinierten Fischfilets nach Geschmack pfeffern, in Petersilie und/oder Dill wenden und kurz in leicht schäumender Butter braten.
- Parallel Spiegeleier herstellen, je nach Hunger 1–2 pro Person.

Anrichten

- Das Labskaus mit einem Spritzer Rote-Bete-Saft noch mal schön rosa färben und eventuell mithilfe eines passenden Rings auf die Teller geben, Spiegelei obenauf legen und das gebratene Fischfilet samt etwas Bratbutter daneben.
- Die marinierte Rote Bete anlegen, Gewürzgurke dazu, etwas gehackter Dill und Schnittlauch obendrauf – fertig.

Vegetarisches Labskaus mit weißen Bohnen

Man nehme (für vier Personen)

250 g trockene weiße Bohnenkerne
(alternativ ca. 800 g fertig gekochte Bohnen aus der Dose)
2 große Zwiebeln, je 2 Lorbeerblätter und Wacholderbeeren
500 g mehlig kochende Kartoffeln
500 g frische Rote Bete
jeweils 2 EL: Kapern, scharfer Senf, gutes Ketchup, geriebener Meerrettich, pro Person 2 milde Gewürzgurken oder entsprechend kleine Cornichons
etwas frischer **Dill, Schnittlauch und Petersilie**
Gewürze: Salz, Pfeffer, Zucker, Cayenne, Curry, etwas milder Essig
4 bzw. 8 frische Eier

Zubereitung

Vorbereitungsarbeiten

- Die trockenen Bohnenkerne mindestens 24 Stunden in reichlich kaltem Wasser einweichen.
- Bohnen dann abgießen und reichlich mit frischem kalten Wasser bedeckt in einem Topf zum Kochen bringen. Nur ganz wenig Salz zugeben, ebenso die geschälten und halbierten Zwiebeln, die Lorbeerblätter und Wacholderbeeren. Wenn die Bohnen nach 1–2 Stunden (sehr unterschiedlich je nach gewählter Bohne) schön weich sind, nach Geschmack salzen, die Hitze ausschalten und Bohnen im Sud auskühlen lassen, um die Bildung unangenehmer Haut zu vermeiden.
- *Bei der Alternative Dosenbohnen die Bohnenkerne ebenso abgießen und sonst wie oben samt der Zutaten verfahren, aber nur 1 x kurz aufkochen lassen.*

So geht es bei beiden Versionen weiter

- Gewürze entfernen, Bohnen abgießen, Sud auffangen. Einige Bohnen für die Garnitur beiseitestellen.

- Restliche Bohnen zusammen mit dem weichen Zwiebelfleisch mit der Gabel grob zerdrücken.
- Den Bohnensud durch ein feines Sieb seihen. Beides beiseitestellen.
- Gewaschene und ungeschälte Kartoffeln und Rote Bete in getrennten Töpfen in mit Salz und Kümmel gewürztem Wasser weich kochen und pellen.
- Das Rote-Bete-Wasser absieben und aufheben, mit einem Spritzer Essig leicht säuern.
- Hierhinein die gepellte Rote Bete geben. Das ergibt einen schönen roten Sud, den wir später noch brauchen werden.
- **Die Schritte bis hier hin sollten einige Stunden oder auch am Tag vor dem Essen durchgeführt werden. Die Zutaten sollten vor dem Weiterverarbeiten kalt sein.**

Fertigstellen

- Aus der gekochten Bete für jede Person einige Kugeln ausstechen oder Würfel schneiden. Diese mit Essig, Zucker und Salz abschmecken.
- Den Rest fein hacken, nach Geschmack per Hand (mehr Biss) oder feiner in der Küchenmaschine.
- Kartoffeln mit einem Kartoffelstampfer oder in einer Spätzlepresse zerdrücken oder ebenso ganz fein würfeln.
- Kartoffelmus, Rote-Bete-Püree und die mit den Zwiebeln zerdrückten Bohnen zusammen in einem großen flachen Topf vermengen und langsam unter ständigem Rühren zum Kochen bringen.
- Dabei peu à peu nur so viel Bohnensud und auch etwas Rote-Bete-Sud zugeben, dass die Konsistenz so locker wie möglich wird, ohne dabei zu zerfließen.

Vorsichtig: »blubbert« beim Aufkochen, Gefahr des Verbrühens!

- Mit Salz, Pfeffer, einer Prise gemahlenem Kümmel, Cayenne, Curry, Ketchup und dem Meerrettich abschmecken. Auch etwas Kapernwasser kann zum Abschmecken genutzt werden. Warm halten.
- Parallel Spiegeleier herstellen (je nach Hunger 1–2 pro Person).

Anrichten

- Das Labskaus mit einem Spritzer Rote-Bete-Saft noch mal schön rosa färben und eventuell mithilfe eines passenden Rings auf die Teller geben, Spiegelei obenauf legen und mit den erwärmten gekräuterten Bohnenkernen anrichten.
- Die marinierte Rote Bete anlegen, Gewürzgurke dazu, etwas gehackter Dill und Schnittlauch obendrauf: fertig.

Tipp

Man kann auch eine sehr schmackhafte mediterrane Version dieses Gerichts herstellen. Dafür den Bohnenkernen beim Kochen einige geschälte Knoblauchzehen und Thymianzweige beigeben und statt der Roten Bete eine Dose Tomaten verwenden. Auf ein Sieb geben, die Masse zusammen mit den Bohnen zerdrücken und den aufgefangenen Saft später sukzessive zugeben. Etwas Cayenne und Paprikapulver zugeben. Dazu passt dann marinierter und ganz kurz gebratener Fetakäse, ebenso frische Basilikumblätter oder auch ein Rucolasalat mit Oliven und Pinienkernen.

Labskaus für Gourmets – mit Edelgeflügel und Rauchaal

Man nehme (für vier Personen als Hauptgang oder acht Personen als Vorspeise)

500 g gepökelte Entenbrustfilets (beim Metzger bestellen)
200 g guter durchwachsener Bauchspeck (sehr wichtig: keine Discounterware verwenden, nur besten Speck vom guten Metzger!)
Je nach Appetit pro Person **½ oder 1 frische Wachtel**
1 Räucheraal
500 g mehlig kochende Kartoffeln
500 g frische große Rote Bete
1 große Zwiebeln, 2 Karotten, ¼ Sellerie – alles geschält und in grobe Würfel zerteilt
jeweils 2 EL: Kapern, scharfer Senf, gutes Ketchup, geriebener Meerrettich
Gewürze: Salz, Pfeffer, Zucker, Cayenne, Curry, Lorbeerblätter, Wacholderbeeren, Piment, Nelken
milder Essig, etwas Butter
4–8 frische Wachteleier
250 g frischer Feldsalat, 1 kleine rote Zwiebel
einige Kapernbeeren (die mit Stiel)**, frischer Majoran**

Vorbereitungen

- Die Entenbrust mit dem Speck in einen Topf legen. Zwiebeln, Karotte, Sellerie, 2 Lorberblätter, einige Wacholderbeeren, Pimentkörner und 2 Nelken hinzugeben. Mit leicht gesalzenem Wasser alles knapp bedecken und langsam fast bis zum Kochen bringen.
- Unterhalb des Siedepunktes (bei ca. 80 Grad) 20 Minuten ziehen lassen, die Entenbrust herausnehmen, die anderen Zutaten 1 Stunde leicht köcheln lassen. Das gibt einen wunderbaren Sud.
- Die Brühe nun durch ein feines Sieb geben, nach kleiner Ruhe-

pause das Fett abschöpfen. Dieses nicht wegwerfen, kann zum Abschmecken verwendet werden.

- Gewaschene und ungeschälte Kartoffeln und Rote Bete in getrennten Töpfen in mit Salz und Kümmel gewürztem Wasser weich kochen und pellen.
- Das Rote-Bete-Wasser absieben, aufheben und mit einem Spritzer Essig leicht säuern.
- Hierhinein die gepellte Rote Bete geben. Das ergibt einen schönen roten Sud, den wir später noch brauchen werden.
- **Die Schritte bis hier hin sollten einige Stunden oder auch am Tag vor dem Essen durchgeführt werden. Die Zutaten sollten vor dem Weiterverarbeiten kalt sein.**

Zubereitung

- Von der erkalteten Ente mit der Aufschnittmaschine oder mit einem dünnen großen Messer einige besonders dünne Scheiben aus der Mitte schneiden, mit Folie abdecken und für später aufheben.
- Aus der gekochten Bete für jede Person einige Kugeln ausstechen oder Würfel schneiden. Diese mit Essig, Zucker und Salz abschmecken.
- Die Wachteln innen und außen salzen und pfeffern, danach rundherum anbraten.
- Im Backofen bei 150 Grad ca. 20 Minuten garen. Etwas abkühlen lassen und Brust und Keulen abtrennen. Beiseitestellen.
- Rest der Entenbrust (das anhaftende Fett bitte auch!) zusammen mit dem Speck ohne seine Schwarte, der Roten Bete, den Kartoffeln, den Kapern und dem gekochten Suppengemüse durch die mittlere Scheibe des Fleischwolfs drehen.
- Dieses Mus in einem großen Topf unter ständigem Rühren zum Kochen bringen. Dabei peu à peu immer nur so viel Entenbrühe und auch Rote-Bete-Sud zugeben, dass die Konsistenz so locker wie möglich wird, ohne dabei zu zerfließen.

- Mit Salz, Pfeffer, wenig gemahlenem Kümmel, Cayenne, Curry, Ketchup und dem Meerrettich abschmecken. Auch kann das Kapernwasser zum Abschmecken genutzt werden.
- Warm halten bis zum Anrichten. Kurz vor dem Anrichten mit einem letzten Spritzer Rote-Bete-Sud zu schöner rosa Farbe bringen.
- Den Räucheraal filetieren und häuten. Rauten zum Anrichten schneiden. Unschöne Stücke fein hacken und unter das Labskaus rühren.
- Die Aalgräten und -haut in einen Topf geben und mit der Entenbrühe auffüllen. Aufkochen, ½ Stunde ziehen lassen und durch ein feines Sieb geben. Diese entstandene würzige Brühe noch etwas einkochen lassen und kurz vor dem Anrichten mit kalter Butter aufmixen. Frischen gehackten Majoran zugeben, eventuell mit einem Spritzer Essig abschmecken.
- Die rote Zwiebel fein würfeln. Den Feldsalat waschen und sorgfältig abtropfen.
- Die Wachteleier bei zarter Hitze in etwas Öl zu Spiegeleiern braten.
- Labskaus noch mal erhitzen, Wachtelteile im Ofen erwärmen.

Anrichten

- Mit dem Feldsalat auf den Tellern ein lockeres »Bett« bauen.
- Labskaus in der Mitte rund anrichten, Spiegelei obenauf legen, die Entenbrustscheiben, Aalrauten, Wachtelteile und Rote Bete anlegen.
- Mit der hellen Sauce locker umgießen, rote Zwiebelwürfel und Kapernbeeren obenauf – fertig.

Tipp

Wer kein Schwein oder Speck verwenden mag oder es sich etwas leichter machen möchte, kauft fertig geräucherte Entenbrust. Die Buttersauce basiert dann auf einer reinen Rauchaalbrühe, die auch sehr schmackhaft ist. Die Zwiebeln und das Gemüse dann ohne Speck, aber mit etwas mehr Salz kochen, um eine schöne Gemüsebrühe zum Auffüllen des Labskaus zu haben.

Labskausrezept von Thomas Sampl
Die Essenz vom Labskaus Er ist ein in und um Hamburg bekannter Koch, betreibt mit zwei Partnern im Hamburger Oberhafen das Gastro-Paradies Hobenköök (Hafenküche). In einer Art Markthalle mit Restaurant werden Lebensmittel von bis zu 200 Produzenten rund um Hamburg angeboten. Die Köche des Restaurants bedienen sich gleich selbst vor Ort. So bekommen die Produzenten ein Gesicht, ihre Lebensmittel werden vom Land in die Stadt geholt und landen dort direkt auf dem Teller des Gastes. So funktioniert nachhaltige, moderne und genussvolle Regionalküche. Thomas Sampl ist ebenso Slow-Food- und NDR-Koch.

Thomas Sampl über Labskaus
Labskaus lässt mich immer direkt an die Schiffsreisen der Hansezeit denken. Unterwegs auf dem Meer mit Kartoffeln, Roter Bete, Pökelfleisch, Gewürzgurken und Hühnern. Was braucht man mehr, um gut übers Meer zu kommen?

Ich persönlich brauche keine Rollmöpse zum Labskaus, außer sie sind von Rasmus aus Stralsund. Ansonsten mag ich es gern mit weniger Roter Bete, dafür mit mehr Gewürzgurke. Die Basis sollte immer gutes Pökelfleisch sein – und leckere Kartoffeln. Und bloß kein Corned Beef, das überwürzt das Labskaus nur.

Die Liebhaber des Traditionsgerichts Labskaus werden wieder mehr. Egal, ob klassisch oder neu interpretiert, Labskaus wird auch in Zukunft kulinarisch eine Rolle spielen.

Feine Labskausessenz

Man nehme (für vier Personen)

1,5 l Rinderbrühe

400 g Klärfleisch mit wenig Fettanteil
(beim Metzger vorbestellen, ist vom Rind, etwas gröber als Hackfleisch)

200 g Wurzelgemüse, was gerade Saison hat

200 g Rote Bete

3 Hühnereiweiß

Crushed Ice

50 g Rosinen

50 g Aprikosen getrocknet

50 g Äpfel getrocknet

50 g Birnen getrocknet

100 ml Apfelsaft

200 ml Rote Bete Saft

100 ml roter Portwein

50 ml Weinbrand

50 ml Sherry

5 Pfefferkörner

3 Pimentkörner

1 TL Senfsaat

2 Lorbeerblätter

gebraucht werden ein Fleischwolf und ein Passiertuch

Vorbereitung

- Klärfleisch, Dörrobst und Wurzelgemüse wolfen und mit dem etwas angeschlagenen Eiweiß mischen.
- Crushed Ice hinzugeben und kurz quellen lassen.

Zubereitung

- Kläransatz mit Apfelsaft, Rote-Bete-Saft, Portwein, Sherry und Weinbrand marinieren, in die kalte Rinderbrühe geben und auf den Herd stellen.
- Gewürze in ein Tuch geben und ebenfalls zu der Brühe geben.
- Bei geringer Hitze zum Köcheln bringen und rühren, bis der Klärkuchen die ersten Trübstoffe bindet. Dann eine Stunde köcheln lassen und danach vorsichtig durch ein Tuch passieren.
- Mit Salz und mit etwas Portwein und Weinbrand abschmecken.

Labskausrezept von Sebastian Junge

Slow-Food-Koch mit Labskausliebe Nachhaltig kann auch genussvoll. Dies beweist Sebastian Junge täglich in seinem Hamburger Restaurant Wolfs Junge. Junge hat in seiner Laufbahn schon in Hochkarätern wie Vier Jahreszeiten und Louis C. Jacob gearbeitet und immer großen Wert auf das Erkunden der Quellen gelegt. So assistierte er auf Biohöfen, bei Fleischereien, in Käsereien und Backstuben. Der Küchenchef und sein Team buttern selbst, im Räucherofen reifen Wurst und Schinken, aber der Clou ist der eigene Pachtgarten auf einem Demeterhof am Stadtrand. Hier werden 25 Gemüsesorten selbst angebaut. Kein Wunder, dass der Slow-Food-Koch vom Guide Michelin für besondere Nachhaltigkeit ausgezeichnet wurde.

Sebastian Junge über Labskaus Labskaus ist für mich Comfort Food. Ein Essen, das für meine Kindheit steht und Wohlwollen auslöst. Eine tolle Balance hergibt aus Herzhaftigkeit, Süße und Säure. Als würde einen das Gericht von innen umarmen. Am meisten mag ich die Version meiner Mutter. Von ihr ist unser Rezept inspiriert.

Tendenziell sollte man bei der Labskauszubereitung genau das beachten, was man bei allen anderen Gerichten auch beachten sollte. Nur sehr gute Zutaten machen auch ein tolles Gericht. Handgemachte Produkte, abseits der Nahrungsmittelindustrie, bevorzugen, oder frei von der Leber weg gesagt: Komm mir nicht mit Corned Beef vom Discounter!

Es liegt an jedem, der Labskaus liebt, das Ganze an die Folgegeneration weiterzugeben. Ich für meinen Teil serviere es meiner kleinen Tochter, und irgendwann kochen wir es ganz sicher zusammen!

Labskaus nach Wolfsjungen-Art

Man nehme (für vier Personen)

500 g Rinderbrust
1 kg mehlig kochende Kartoffeln
3 gelbe Zwiebeln
2 frische Rote Bete
200 g eingelegte Gurke, gewürfelt
200 g eingelegte Rote Bete, gewürfelt
200 ml Weißwein
Salz, Pfeffer, Kümmel
2 EL Kapern, gehackt
2 EL Senf, mittelscharf
4 Eier
Essig
Rollmops nach Bedarf

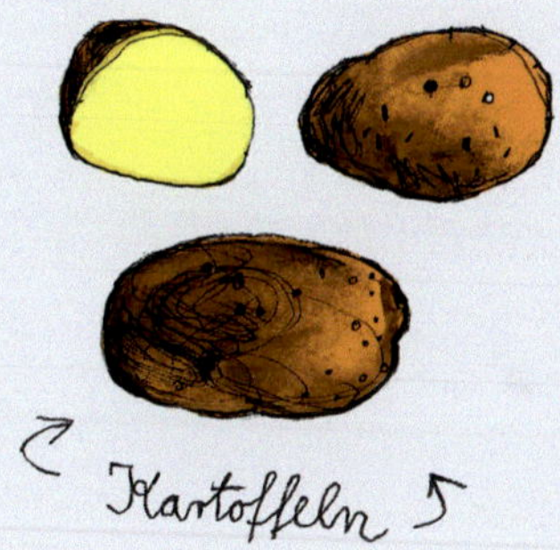

Zubereitung

- Die Rinderbrust in einen Topf geben, Zwiebeln und Rote Bete schälen, vierteln und dazugeben. Mit so viel Wasser auffüllen, dass alles gerade bedeckt ist. Den Weißwein hinzufügen. Das Ganze salzen, eine Prise Pfeffer und Kümmel hinzugeben. Aufkochen und bei kleinster Stufe so lange kochen, bis alles weich ist. In der Regel dauert das mindestens 1 Stunde.
- In der Zwischenzeit Kartoffeln schälen und weich kochen, abgießen und bereithalten.
- Sobald Fleisch und Gemüse weich gekocht sind, wird alles durch ein Sieb in einen Topf gegossen, um Einlage von Fond zu trennen.
- Fleisch und Gemüse werden durch den Fleischwolf auf der mittleren Scheibe zerkleinert und zu den Kartoffeln gegeben.
  Das Ganze stampfen und die Gurke, Rote Bete, Kapern und Senf hinzufügen. Im Wolfs Junge legen wir alle Gemüsesorten selbst ein,

gekaufte tun aber auch ihren Dienst. Ein guter Schluck Einlegesud der Roten Bete dazugeben, das sorgt für frische Farbe und die nötige Säure.

- Den Kochfond nach und nach mit einrühren, bis die gewünschte Konsistenz entsteht. Das Ganze abschmecken und ruhig ein klein wenig überwürzen. Das Labskaus zieht ordentlich nach. Bei Bedarf noch Säure hinzufügen (Einlegesud eignet sich dafür gut).
- In der Zwischenzeit einen Topf mit ca. 2 l Wasser, Salz und 5 EL Essig aufkochen, um die Eier zu pochieren. Sobald dieses kocht, auf kleine Flamme stellen und die Eier pochieren für ca. 4 Minuten. Der Vorgang ist ein wenig herausfordernd und gelingt nicht unbedingt jedes Mal. Das Ganze erfordert ein wenig Übung. Alternativ empfehle ich ein Spiegelei.
- Nach Belieben am Ende anrichten und servieren. Rollmops nach Vorliebe und Bedarf.

Labskausrezept von Barbara Stadler

Kochen aus Leidenschaft Sie liebt es, gemeinsam mit Menschen zu kochen. Rezeptentwicklung ist ebenso ihre Leidenschaft wie Food Wine Pairing. Barbara Stadler ist Slow Food Chefin, Alliance-Aktivistin und Fernsehköchin. Sie ist freie Köchin mit dem Fokus auf Kochschule und Teambuilding und betreibt ein Catering-Unternehmen und ein privates Theater, in dem Kunst, Küche und Kulinarik vereint werden.

Barbara Stadler über Labskaus Da ich gebürtig aus Düsseldorf komme, gehört Labskaus nicht zu meinen Kindheitserinnerungen. Ich verbinde damit jedoch Meer, Schiffe und Erfindungsreichtum.

Ich mag Labskaus modern gekocht auch einmal mit anderen Zutaten wie zum Beispiel Labskaus aus Gänsefleisch, Gelber Bete und Wachtelei.

Generell sollten die Zutaten für ein Labskaus immer frisch und in sehr guter Qualität sein.

Ich denke, es ist ein Gericht der kulinarischen Erinnerung. Jede Zeit hat solche Gerichte. Ob es Miracoli, Entenbrust à la orange oder Labskaus ist, wir verbinden damit eine besondere Zeit. Die guten und leckeren Gerichte werden nie aussterben. Sie bleiben oft in den Familientraditionen erhalten.

Labskausteller (für vier Personen)

Sülze aus Gurken, Matjestatar, Rinderfilet Tatar, gepökelte dicke Rippe, Rote Bete mit Orange, Kartoffel-Süßkartoffel-Stampf

Sülze

Man nehme

3 kleine frische Gurken
1 rote Zwiebel
1 Stück Ingwer
2 Kaffirlimettenblätter, fein gehackt
Saft von 2 Limetten
1 kleine Chili
20 ml Gin
40 ml Riesling
Salz
4 Blatt eingeweichte Gelatineblätter

Zubereitung

- Gurken entkernen und in sehr kleine Würfel schneiden. Ebenso die rote Zwiebel sehr fein schneiden. Den Ingwer fein reiben. Gurken salzen und etwas ziehen lassen.
- Chili »mikroskopisch« klein hacken.
- Etwas Riesling und Gin abnehmen, in einen kleinen Topf geben, kurz erhitzen und dann vom Herd ziehen.
- Den Rest Riesling, Gin und die Kaffirlimettenblätter zu den übrigen Zutaten geben.
- Wenn der Topf mit dem Riesling-Gin-Gemisch nicht mehr so heiß ist, die Gelatine hinzufügen und schmelzen lassen, dann zu den anderen Zutaten geben. Alles in Förmchen füllen und über Nacht kaltstellen.

Matjestatar

Man nehme

3 Matjesfilets
2 Porreestangen (wenn möglich feine, zarte der ersten Ernte)
2 saure Gurken
frischer Pfeffer, ein wenig Salz nach Bedarf, ein wenig Limette

Zubereitung

- Matjes, Porree und Gurke in mittelfeine Würfel schneiden.
- Limettensaft und Pfeffer hinzufügen.
- Alles miteinander vermischen und abschmecken.

Rinderfilet-Tatar

Man nehme

300 g Rinderfilet
2 Porreestangen
2 TL Honigsenf
4 Kapernäpfel
Salz, Pfeffer, etwas Limettensaft

Zubereitung

- Rinderfilet mit einem gut geschärften Messer sehr fein schneiden.
- Porree ebenso fein schneiden.
- Alle Zutaten miteinander mischen.

Gepökelte dicke Rippe

Man nehme

1 Stück dicke Rippe
10 g Pökelsalz
Suppengrün
1 Lorbeerblatt, 2 Nelken, 4 Sternanis, 1 Zweig Liebstöckel
Schmalz oder Butter, kleine Zwiebel, Salz, Pfeffer

Zubereitung

- Dicke Rippe mit den Zutaten kalt aufsetzen und ca. 30 Minuten leicht köcheln lassen.
- Rippe herausnehmen, die Knochen entfernen, erkalten lassen.
- Alles in sehr kleine Würfel schneiden. Vor dem Anrichten mit etwas Schmalz oder Butter sowie einer klein gewürfelten Zwiebel anschwitzen und mit Salz und Pfeffer abschmecken.

Rote Bete mit Orange

Man nehme

4 frische Rote Bete
8 Kardamom, 3 Sternanis, 30 Senfkörner
1 Nelke
1 Lorbeerblatt, 6 Wacholderbeeren
ein Schuss Himbeeressig
Salz

Zubereitung

- Rote Bete mit den Zutaten und Wasser kalt aufsetzen und kochen, bis sie weich sind.

Orangensirup

Man nehme

1 ganze ungeschälte Orange (Bio)
300 g Zucker

Zubereitung

- Die Orange mit Wasser bedeckt ca. 15 Minuten kochen lassen (sie muss weich werden) und dann pürieren.
- Rote Bete schälen und mit einem Ring in Kreise ausstechen.
- Mit Orangensirup und etwas Himbeeressig abschmecken.

Kartoffel-Süßkartoffel-Stampf

Man nehme

70 ml Milch, 70 ml Sahne
3 Macisblüte
500 g mehlig kochende Kartoffeln
1 Süßkartoffel
60g Butter
Muskat

Zubereitung

- Kartoffeln mit Salz und Macisblüte aufsetzen. Abgießen, sobald sie gar sind.
- Milch, Sahne und Butter in einen Topf geben und erwärmen.
- Vorsichtig unter die Kartoffelmasse heben.
- Dazu: Wachteleier in kleine Ringe gesetzt in Butter braten.
- Alle Zutaten einzeln auf den Tellern schön anrichten.

Labskausrezept von Martin Eggert

Labskaus mit Ente und Hafenblick Hoch über der Elbe, mit einmaligem Blick auf die St. Pauli-Landungsbrücken, werden die Gäste des Restaurant Port im Hotel Hafen Hamburg mit einem herzlichen Ahoi begrüßt. Dort, wo einst Matrosen in das ehemalige Seemannsheim einkehrten, werden heutzutage Grillgerichte, maritime Köstlichkeiten, kühle Drinks und frisch Gezapftes aufgetischt.

Erst kürzlich wurden die kulinarischen Segel unter der Leitung von Martin Eggert neu gesetzt: Neben Klassikern wie Hamburger Pannfisch und Rührei mit Nordseekrabben stehen Traditionsgerichte wie Labskaus von der Ente modern interpretiert auf der Karte. Das Port lädt zum Entspannen, Genießen, Schnacken und auch zu ein wenig Seemannsgarn ein.

Martin Eggert über Labskaus Labskaus steht für mich für Seefahrtsgeschichte, hanseatische Esskultur, für Tradition, die nicht verloren gehen sollte! Es bietet unglaublich viele Interpretationsmöglichkeiten und somit immer eine Grundlage, um es auch in der Zukunft neu darzustellen.

Ich mag es, den einzelnen Zutaten des Labskaus auch mal mehr Aufmerksamkeit zu geben. Stellen Sie sich zum Beispiel das Labskaus vor, ohne die Zutaten zu wolfen. Da entstehen völlig neue Gerichte, und dieses Experimentieren macht besonders Spaß. Ich persönlich mag etwas frisch geriebenen Meerrettich am Labskaus, ob nun von der Ente oder ganz klassisch.

Für die Labskauszubereitung sollte man immer hochwertige Zutaten verwenden, denn umso mehr Geschmack im Fleisch oder Gemüse ist, desto mehr Geschmack hat das Labskaus nachher auch.

Die Rote Bete immer zum Schluss dazugeben, das erhält das kräftige Rot der Bete, denn das Auge isst bekanntlich mit. Die Zutaten sollten auch nicht zu fein gewolft werden. Hanseatisches Labskaus schmeckt gröber einfach besser. Im Port servieren wir Labskaus zum Beispiel mit gegrillter Entenbrust, Matjestatar, Gewürzgurke und Spiegel. Es bleibt ein Klassiker, der auch in Zukunft frischen Wind zulässt und dabei einfach lecker schmeckt.

Labskaus von der Ente

Man nehme (für vier Personen)

300 g Bio Entenkeule
60 g Suppengrün
120 g reduzierter Entenfond (von den abgekochten Entenkeulen)
400 g festkochende Kartoffeln
100 g Schalotten, gepellt, geviertelt
80 g eingelegte Rote Bete
80 g knackige Gewürzgurken, 20 g Gewürzgurkenfond
40 g Butter
1 Prise Piment, gemahlen
etwas schwarzen Pfeffer, 2–3 Prisen Salz zum Abschmecken

Vorbereitung

- Die Entenkeulen im Topf mit leicht gesalzenem Wasser weich kochen (dauert ca. 1,5–2 Std.). Nach dem Aufkochen den Schaum abschöpfen.
- Anschließend das Suppengrün hinzugeben und leicht pfeffern.
- Die Kartoffeln schälen, vierteln, in gesalzenem Wasser kochen und zur Seite stellen.
- Die gepellten Schalotten halbieren und glasig anschwitzen, danach kalt stellen.
- Die Butter im Topf bei mittlerer Hitze auslassen, bis diese schäumt (goldgelbe Färbung), dann ebenfalls zur Seite stellen.
- Das Fleisch von den abgekochten Entenkeulen lösen und kalt stellen.
- Nacheinander das abgekühlte Entenfleisch, die gekochten Kartoffeln sowie die Gewürzgurken, die angeschwitzten Schalotten und die Rote Bete (ohne Sud) durch eine große Lochscheibe wolfen und einzeln aufbewahren. Die gewolfte Rote Bete beiseitestellen, sie kommt zum Schluss an das Labskaus.

Zubereitung

- Das gewolfte Entenfleisch leicht in einem großen flachen Topf mit etwas Butter anrösten. Kurz danach die Schalotten hinzugeben und kurz weiterrösten.
- Den reduzierten Entenfond dazugeben und aufkochen.
- Im Anschluss die Gewürzgurken und die Kartoffeln (beides bereits gewolft) dazugeben.
- Alles nochmals zusammen aufkochen.
- Mit etwas brauner Butter, Salz, Pfeffer und Piment abschmecken.
- Zum Schluss die Rote Bete dazugeben und nochmals aufkochen.

Jetzt entsteht auch die typisch kräftig-rote Färbung des Gerichtes. Nun sollte das Labskaus eine cremig-kompakte Konsistenz haben.

Labskausrezept von Johannes King

Sternekoch mit Freude an Regionalität Der Weg von Johannes King führt ihn von Köln nach Wien, über Berlin bis nach Sylt. Der große Karrieresprung kommt 1989, als er im Berliner »Grand Slam« Küchenchef wird.

Dort erhält er wenige Jahre später auch seinen ersten Michelin-Stern. Die Auszeichnungen für den Sternekoch kommen in den folgenden Jahren in regelmäßigen Abständen. 1997 wird er von Gault-Millau zum »Aufsteiger des Jahres« erkoren, 1998 wird er »Berliner Meisterkoch«. Die Liste ist lang und findet 2004 einen weiteren Höhepunkt mit der Verleihung des zweiten Michelin-Sternes. Vier Jahre zuvor übernimmt er den Söl'ring Hof. Sein Können und der hohe Qualitätsanspruch sorgen für den wachsenden Erfolg des Fünfsternehotels mit dem integrierten Zweisternerestaurant. Seine Popularität wächst auch auf dem Festland stetig, der Sternekoch ist gern gesehener Gast bei Kochshows und zeigt den Zuschauern, wie köstliche Gerichte ganz einfach gelingen. Johannes King bevorzugt regionale Zutaten, er hat sich der Nachhaltigkeit verschrieben und setzt auf einen respektvollen Genuss. Sein bedachter Umgang mit den Zutaten ist nicht nur zeitgemäß, sondern schmeckt auch wunderbar.

Johannes King über Labskaus Als Schwabe habe ich zuerst gedacht, das ist doch gar nicht essbar und wird nur zusammengemanscht. Dann habe ich mich mit dem Thema befasst, und wie bei vielen Rezepten steckt das Gute im Detail. Wenn gute Produkte zusammengemischt werden, kann niemals etwas Schlechtes dabei rauskommen. Hier sind Handwerk und Sorgfalt gefragt.

Ich mag die Produkte gern einzeln erkennen und schmecken, deswegen finde ich auch bei der klassischen Zubereitung die Trennung der Grundprodukte wichtig.

Für mich darf Labskaus nicht zu stark gewürzt sein, sonst kann man die Unterschiede der Komponenten nicht erkennen. Der Matjes ist eh schon süß-sauer eingelegt, dann darf die Bete nicht auch noch süß-sauer sein. Ei ist ein ganz wichtiger Bestandteil, denn das Eigelb hat durch seine Cremigkeit eine geschmacksverstärkende Wirkung. Labskaus ist unverwechselbar nordisch, aber es fordert präzise Arbeit. Je einfacher ein Gericht, desto wichtiger sind die Grundzutaten und die handwerkliche Perfektion.

Grünes Labskaus **(für vier Personen)**

mit Stampfkartoffel, Matjes, 70-Minuten-Ei und Bohnenvinaigrette

Stampfkartoffeln

Man nehme

150 g mehlig kochende Kartoffeln
10 ml Gemüsefond
etwas Meersalz, frisch gemahlener weißer Pfeffer, Weißweinessig
Rapsöl
1 Schalotte
50 g blanchierte grüne Bohnenkerne
10 g Butter
150 g Matjesfilet, in Würfel geschnitten

Zubereitung

- Die Kartoffeln schälen, vierteln und mit Salzwasser weich kochen. Nur so viel Salzwasser verwenden, dass nichts abgegossen werden muss, sondern die restliche Flüssigkeit zum Stampfen verwendet werden kann. Evtl. mit dem Gemüsefond auf die gewünschte Konsistenz verdünnen. Die Kartoffelmasse soll noch kleine Stückchen enthalten und sämig sein. Mit Meersalz, weißem Pfeffer, Weißweinessig und etwas Rapsöl abschmecken.
- Schalotte kleinschneiden und in aufgeschäumter Butter so lange anschwitzen, bis sie ganz leicht Farbe annehmen. Jetzt die grünen Bohnenkerne und den Matjes dazugeben, einmal durchschwenken und sofort unter die Stampfkartoffeln mischen.

Bohnenvinaigrette

Man nehme

200 g breite Schnibbelbohnen (ergibt ca. 100 ml frisch gepresster Bohnensaft)

5 ml Traubenkernöl
20 ml Rapsöl
etwas Meersalz, frisch gemahlener weißer Pfeffer, Zitronensaft

Zubereitung

- Bohnen säubern und putzen. Grob zerteilen.
- In Salzwasser 1 Minute köcheln lassen – sofort in Eiswasser abschrecken, damit die grüne Farbe erhalten bleibt. Bohnen abgießen, gut trocken tupfen und durch den Entsafter geben.
- Entstandenen Saft mit Zitronensaft, Pfeffer, Meersalz und den Ölen vermischen und abschmecken.

70-Minuten-Ei

Man nehme

4 Eier in der Schale

Zubereitung

- Eier mit Schale in 63° C heißes Wasser geben und 70 Minuten ziehen lassen.
- Sehr vorsichtig aus der Schale schlagen und in einer kalten Pfanne das Ei so lange schwenken, bis das Eiweiß sich fast vollständig vom Eigelb gelöst hat.
- Leicht salzen – fertig.

Kalbsbrustsülze

Man nehme

150 g durchwachsene Kalbsbrust, gekocht
100 g Consommé
1,5 Blatt Gelatine

Zubereitung

- Kalbsbrust in kleine Würfel schneiden. Kalt eingeweichte, ausgedrückte Gelatine in der erwärmten Consommé auflösen. Alles vermengen und ganz leicht pfeffern und salzen. In kleine, ca. 2 cm hohe Ringe einfüllen und im Kühlschrank fest werden lassen.

Anrichten

- Die Stampfkartoffeln mit dem Matjes bei Zimmertemperatur ca. 3 cm hoch in einen Ring auf die Kalbsbrustsülze schichten. Oben eine kleine Mulde mit dem Löffel eindrücken. Den Ring vorsichtig abstreifen, das Ei vorsichtig darauf geben und das Ganze mit der Bohnenvinaigrette umgießen.

Tipp

Achten Sie bei Emulsionen, Vinaigrettes oder Marinaden immer darauf, dass die Gewürze vor dem Öl zugegeben werden. Salz und Pfeffer lösen sich im Öl nur sehr langsam auf, so ist die Gefahr groß, dass die Vinaigrette oder Marinade zu würzig wird.
Besonders gut passt zu diesem Gericht ein knuspriger Brotcracker mit etwas püriertem geräuchertem Matjes, Bohnenpuder und scharfer Kresse.
Für Gelatine kann ersatzweise Agar-Agar oder Xanthan verwendet werden.

Weitere Labskausrezepte
Labskausrezept mit Corned Beef

(nach Bremer Art aus dem Restaurant Wels)

siehe auch »Gute Adressen zum Labskausessen«

Man nehme (für vier Personen)

500 g Corned Beef
1 kg Kartoffeln
200 g Zwiebeln
2 Gewürzgurken
1 frische Rote Bete
Salz, Pfeffer, Zucker, etwas Öl

Zubereitung

- Kartoffeln in Salzwasser ca. 25–30 Minuten kochen.
- Corned Beef in große Würfel schneiden, mit den Zwiebeln in etwas Öl anschwitzen und so lange köcheln, bis kaum noch Flüssigkeit vorhanden ist.
- Rote Bete währenddessen in Salzwasser kochen, anschließend schälen und fein würfeln. Die Gewürzgurken ebenfalls fein würfeln.
- Kartoffeln abgießen und stampfen oder durch eine Kartoffelpresse drücken.
- Alle Zutaten miteinander verrühren und mit Salz, Pfeffer und einer Prise Zucker abschmecken.
- Mit Spiegelei, Gewürzgurke und Roter Bete servieren.

Labskaus nach Bremerhavener Art

(Vom Fischereihafenrestaurant Natusch)

siehe auch »Gute Adressen zum Labskausessen«

Man nehme (für vier Personen)

700 g gepökelte Rinderbrust
1 Bund Suppengrün, geputzt
1 Zwiebel, mit Lorbeerblatt und Gewürznelke besteckt
700 g geschälte Kartoffeln
300 g feine Zwiebelwürfel, 50 g Zwiebelringe
140 g Butter, 2 Matjesfilets, fein gewürfelt
2 Gewürzgurken, in Streifen geschnitten
100 ml Gewürzgurkenwasser
1 EL Senf, schwarzer Pfeffer aus der Mühle, 4 Eier, 4 Rollmöpse
100 g Senfgurke, Rote Bete aus dem Glas

Zubereitung

- Rinderbrust mit kochendem Wasser blanchieren, in frischem Wasser zum Kochen bringen, offen zweieinhalb Stunden köcheln. Zwischendurch Schaum abschöpfen. Nach einer Stunde das unzerteilte Suppengrün und die besteckte Zwiebel hinzufügen.
- Kartoffeln salzlos kochen, abgießen, abdämpfen, durch eine Presse drücken.
- Zwiebelwürfel in der Butter hellgelb dünsten. Gekochtes Fleisch in kleine Würfel schneiden. Mit Matjeswürfeln, Gurkenstreifen, Senf und Pfeffer unter die Kartoffelmasse rühren, etwas von der Pökelbrühe zugießen. Das Labskaus sollte die Konsistenz eines Kartoffelpürees haben. Spiegeleier braten.

Anrichten

- Labskaus auf Teller geben, mit Eiern belegen. Rollmöpse, Senfgurken, Rote Bete und Zwiebelringe getrennt anbieten.

PFEFFER
Hering
MÖHRE
STECK-
RÜBE
SCHNITT-
LAUCH
BUTTER
Zwiebeln
LORBEER-
BLÄTTER
WEISS
KOHL
PORREE
SCHINKEN
Rote Bete
SELLERIE
OLIVEN-
ÖL
REIS

Und nach dem LABSKAUS?

Rote Grütze mit Vanillesauce

Rote Grütze mit Vanillesauce

Oma und Opa kannten noch die wunderschönen norddeutschen Obstgärten. Bei Apfel-, Birnen- und Quittenbäumen, bei Sträuchern voller köstlicher Erdbeeren, Himbeeren, Johannis- und Stachelbeeren wurden Kinderträume wahr. Ob pur genossen oder zu Marmelade eingekocht, Omas und Opas Obstgarten war ein Paradies.

Das Wort »Paradies« stammt übrigens aus dem Altpersischen und bezeichnete ursprünglich die ummauerten Obstgärten von Königen und Adeligen. In unserem Kulturraum verstand man unter »Paradies« vor allem den Garten Eden, einen irdischen Ort höchster Glückseligkeit. Aus dem Garten Eden wurden wir zwar vertrieben, doch glücklicherweise blieben uns die Gärten und Obstbaumwiesen mit ihren süßen Früchten und Beeren, unser Paradies auf Erden.

Ein norddeutscher Klassiker: Rote Grütze Was passt besser als Dessert nach einem Labskaus als der dänisch-norddeutsche Küchenklassiker Rote Grütze. Zwei Gerichte, die im Norden Geschichte schrieben.

In früheren Zeiten wurde besonders in Schleswig-Holstein und Dänemark roter Fruchtsaft aus den Beeren der Hausgärten mit Hafer-, Gersten- oder Buchweizengrütze angedickt und als Hauptgericht gereicht, daher auch der Name Rote Grütze. Aus dem Armeleuteessen wurde eine dänisch-norddeutsche Spezialität, die bis heute im ganzen Lande bekannt und beliebt ist.

Die klassischen Zutaten sind Johannisbeeren, Himbeeren, Stachelbeeren, Erdbeeren und Sauerkirschen, aber auch Brombeeren, Heidelbeeren und Preiselbeeren machen sich prächtig in einer Roten Grütze.

Die Beeren der Roten Grütze sind botanisch betrachtet nicht immer Beeren. Die Erdbeere zum Beispiel ist eine Sammelfrucht. Die Einzel-

früchte, winzige Nüsschen, sitzen auf einem fleischigen Gebilde, das aus dem Blütenboden hervorgegangen ist. Auch Himbeeren und Brombeeren sind Sammelfrüchte. Beeren, dem botanischen Begriff nach, bestehen aus einer Ansammlung von Samen, die in ein weiches Fruchtfleisch eingebettet und von einer Fruchthaut umhüllt sind. Nach dieser Definition handelt es sich bei Stachelbeeren, Johannisbeeren, Heidelbeeren und Trauben um echte Beeren. Zudem beschränkt sich diese Fruchtform nicht nur auf Obst: Tomaten, Gurken und Kürbisse sind auch Beeren.

Die Lieblingsbeere der Norddeutschen ist übrigens die Erdbeere. Viele Tausend Tonnen der süßen Früchte werden jedes Jahr von heimischen Feldern gepflückt, sofort vernascht oder zu Torten, Marmeladen oder zur norddeutschen Nationalspeise, zu Roter Grütze verarbeitet.

Doch welches Rezept für unser Labskausdessert nehmen?

Wir befragten den Kieler **Koch Jochen Strehler**, und er überzeugte uns mit dieser Variante, eine für ihn typische Kombination aus Tradition und kulinarischer Moderne.

Rote Grütze mit Vanillesauce Die klassische Rote Grütze hatte, wie so viele regionale Spezialitäten, ursprünglich die Hauptaufgabe, frisch geerntete Früchte zu konservieren.

Mit reichlich Zucker und je nach Landstrich unterschiedlichen Bindemitteln (Getreide, Stärke, Gelatine …) kräftig verkocht, hatte man länger was vom Beerensommer und mit frischer Milch sogar eine vollwertige Hauptmahlzeit.

In dem folgenden Rezept geht es uns aber um den unmittelbaren tagesfrischen Genuss und nicht um Konservierung.

Als »klassische« Vanillesauce wird meist jene mit Hühnerei bezeichnet, richtig hergestellt und im Wasserbad zur sogenannten Rose abgezogen, ist sie eine feine Sache.

Aber viel einfacher, schneller und dabei nicht weniger schmackhaft sei hier eine Version mit einer Kombination aus Speisestärke und frisch geschlagener Sahne empfohlen.

Rote Grütze

Man nehme (für vier bis sechs Personen)

1 kg frische gemischte Sommerbeeren
(Erdbeeren, Himbeeren, Johannisbeeren, Stachelbeeren, auch Heidel- und Brombeeren oder entsteinte Kirschen passen sehr gut)
200 g Gelierzucker (2:1)
1 Messerspitze gemahlene Vanilleschote, eine Spur Zimtpulver
Saft und Schale von 1 Zitrone
3 EL Speisestärke
100 ml roter Fruchtsaft oder Rotwein
eventuell ein Schuss guter Rum

Zubereitung

- Die Beeren bzw. Früchte kurz waschen und von Stielen und Blättern befreien. Große Früchte halbieren oder vierteln.
- 300 g dieser Beerenmischung abnehmen (nur die roten), mit dem Zitronensaft und dem Gelierzucker vermengen und ½ Stunde ziehen lassen.
- Anschließend mit einem Mixstab fein pürieren und Zimt und Vanille dazugeben.
- Dieses Fruchtpüree im Kochtopf aufkochen, in der Zwischenzeit die Stärke mit Saft bzw. Rotwein kalt anrühren.
- Diese in den kochenden Fruchtbrei klumpenfrei einrühren und 2 Minuten leicht köcheln lassen.
- Auf Zimmertemperatur abkühlen lassen, dann vorsichtig unter die frischen Beeren heben.
- Nun alles kühl stellen. Je nach Säuregehalt der Früchte mit etwas Zitronensaft abschmecken. Wenn keine Kinder dabei sind, kann ein kleiner Spritzer guter Karibik-Rum für einen besonderen Pfiff sorgen.

Vanillesauce

Man nehme (für vier bis sechs Personen)

400 ml frische Vollmilch
300 ml frische Sahne
3 EL Rohrohrzucker
2 EL Speisestärke
Mark von 2 Vanilleschoten oder 1 dicke Messerspitze gemahlene Vanille
1 Prise Kurkuma, gemahlen
Schale von ½ Zitrone

Zubereitung

- 300 ml Milch zusammen mit 100 ml Sahne in einen Kochtopf geben.
- Vanille, Zucker, Kurkumapulver und Zitronenschale zugeben und zum Kochen bringen.
- In der Zwischenzeit die restliche Milch mit der Stärke kalt anrühren und nun in die kochende Milch-Sahne-Mischung rühren. 2 Minuten langsam köcheln lassen, dann vom Herd ziehen und in eine Schüssel umfüllen. Eine kleine Prise Zucker obenauf streuen, das verhindert das Bilden einer Haut. Etwas abkühlen lassen, dann im Kühlschrank für 30 Minuten kalt stellen.
- In dieser Zeit die restlichen 200 ml Sahne cremig schlagen, diese abschließend unter die erkaltete Grundmasse rühren. Besonders schaumig wird sie, wenn man sie kurz mit dem Stabmixer aufschlägt.

Gute Adressen zum

LABSKAUS-ESSEN

Bremen und Bremerhaven

Ratskeller Bremen – Wo Fürst Bismarck und Heinrich Heine speisten

»Das ist die Rose der Rosen,
Je älter sie wird, je lieblicher blüht sie,
Und ihr himmlischer Duft, er hat mich beseligt,
Er hat mich begeistert, er hat mich berauscht,
und hielt mich nicht fest, am Schopfe fest,
Der Ratskellermeister von Bremen,
Ich wäre gepurzelt!«

Heinrich Heine: Buch der Lieder, Die Nordsee, Zweiter Zyklus, Im Hafen (Auszug), 1825–1826

Im Bremer Ratskeller gelingt eine urgemütliche, ausbalancierte Kombination aus jahrhundertealter Geschichte und moderner Küche, die ihre Traditionen bewahrt. Im Keller des Rathauses – immerhin ein UNESCO-Welterbe – serviert die Gaststätte norddeutsche Klassiker und beherbergt außerdem die größte Sammlung deutscher Weine, und das schon seit 1405. Hier lagert auch der älteste Fasswein Deutschlands, ein Rüdesheimer Wein aus dem Jahre 1653. In der historischen Halle, die von zwanzig Säulen getragen wird, befindet sich das »Fundament«: Riesige Schmuckfässer sorgen für die richtige Stimmung beim Weintrinken.

Bei einer so langen Tradition des Gastgewerbes überrascht es nicht, dass der Ratskeller im Laufe der Jahrhunderte hohen Besuch empfangen durfte. Johannes Brahms, Fürst Bismarck, Theodor Fontane, Heinrich Heine und Kaiser Wilhelm der I. und II. sind nur einige Berühmtheiten, die im Bremer Ratskeller eingekehrt sind.

Auf der Speisekarte befinden sich norddeutsch-rustikale Gerichte wie Knipp und Bremer Kartoffelsuppe, Landbrote mit Zwiebelmett, Roastbeef vom Friesischem Rind und natürlich Labskaus, der im Bremer Ratskeller aus gepökelter Ochsenbrust und Stampfkartoffeln hergestellt und mit Rollmops, zwei Spiegeleiern, Roter Bete und Gewürzgurkenstreifen serviert wird.

Bremer Ratskeller • Am Markt • 28195 Bremen
www.ratskeller-bremen.de

Gasthof zum Kaiser Friedrich – Politik und Labskaus Besucher des traditionsreichen Bremer Schnoorviertels können ihn eigentlich kaum übersehen: An der Außenfassade eines alten Fachwerkhauses begrüßt, hoch zu Pferd, Kaiser Friedrich III. von seinem Gemälde aus alle, die sich dem gleichnamigen Gasthof nähern. Auch wenn er im Leben gerade einmal 99 Tage Regent war, ist er in diesem Gasthof ein Teil lebendiger, traditionsreicher Geschichte. Als eines der ältesten Restaurants Bremens wurde der »Gasthof zum Kaiser Friedrich« um 1630 gebaut und steht nun unter Denkmalschutz.

Es handelt sich um eine der wenigen Gaststätten in Bremen, deren Inneneinrichtung seit Jahrzehnten fast unverändert geblieben ist. Das Restaurant diente als Ort für politische und geschäftliche Gespräche in kleiner Runde und war zudem Stammkneipe einiger Bremer Bürgermeister und Senatoren. »Dass Politiker sich hier bei uns zum Gespräch treffen, das hat eine Tradition, die bis 1951 zurückreicht«, sagt Uwe Richter, der Chef des Gasthofes.

Und diese Tradition ist auch bis heute erlebbar: Der holzvertäfelte Innenraum der Gaststätte ist mit zahlreichen Fotos und Auszeichnungen geschmückt.

In solch eine traditionsreiche Umgebung passt natürlich auch nur eine gutbürgerliche, lokale Speisekarte. Zwar findet sich im Menü kurioserweise auch ein Gericht namens »Geschnetzeltes Schweinefilet Madagaskar«, doch ansonsten können Reisende hier Bremer Traditionskulinarik kennenlernen und Einheimische sich zurück an den Esstisch ihrer Großmutter träumen. Hier gibt es Kutterscholle, Bauernfrühstück und Hackepeterbrot, Knipp, Büsumer Krabben, Eintopf und hausgemachtes Sauerfleisch. Hier wird Labskaus, ähnlich wie die dänische Variante (Skipperlabskovs), mit Schweine- und Rindfleisch anstelle des Pökelfleisches zubereitet. Das Labskaus schmeckt dadurch schön saftig. Im Gasthof zum Kaiser Friedrich kommt das Traditionsgericht mit Gurke und Spiegelei auf den Tisch.

Gasthof zum Kaiser Friedrich • Lange Wieren 13 • 28195 Bremen
www.kaiserfriedrich.de

Restaurant Wels im Hotel Munte – Labskaus nach Bremer Art

Die leichte, kreative und regionale Küche von Küchenchefin Christina Bolt bietet Fisch- sowie Wildkreationen und verführt zu einer lukullischen Entdeckungsreise durch Wald, Bach, Fluss sowie Meer. Die Produkte bezieht das Team größtenteils aus dem Bremer Umland. Das Wels bietet verschiedene Menüs an. Das

Restaurant ist biozertifiziert und Mitglied des Genussland Bremen Niedersachsen e.V. Der Verein setzt sich für die Förderung und Bewahrung der regionalen Ess- und Genusskultur ein.

Auf dem Teller finden sich diese regionalen Produkte zum Beispiel im gebackenen Bio-Ziegenkäse mit Stadtwaldhonig, im Bremer Knipp oder dem Wildschweinsauerbraten in Honigkuchen-Rosinensauce. Und auch hier steht natürlich Labskaus auf der Karte. Das Restaurant Wels verarbeitet statt Pökelfleisch hochwertiges Corned Beef, wie es im Großraum Bremen häufig üblich ist. Es wird zudem frische anstelle eingelegter Roter Bete verwendet. Als Beilage werden Spiegelei, Gewürzgurke und eben Frische rote Bete serviert – und überraschenderweise für diesen Ort: kein Fisch.

Hotel Munte am Stadtwald • Parkallee 299 • 28213 Bremen
www.hotel-munte.de

Fischereihafenrestaurant Natusch – Von der See auf den Teller
Mitten im Fischereihafen von Bremerhaven, nur 200 Meter entfernt von den Auktionshallen, steht das Natusch Fischereihafen Restaurant. Seit 1951 gibt es das feine und trotzdem gemütliche Restaurant, das nun in der dritten Generation von der Familie Natusch geführt wird. Heinz Natusch hatte das Bereitschaftsgebäude der Bundesbahn gepachtet – neben einer urigen Seemannskneipe gab es in den Fünfzigern noch ein kleines Fischrestaurant, sozusagen die Keimzelle der Natusch-Kochtradition. »Mutti« Margrit Natusch musste oft auf den Tisch hauen, wenn die Schiffsbesatzung ihr »Ziehgeld« erhalten hatte und hier über die Stränge schlug.

Das Restaurant sieht fast aus wie ein historischer Schiffsbauch – mit seinen dunkel getäfelten Wänden, den nautischen Dekorationen und maritimen Bildern bringt es Besucher direkt in Stimmung, sich am leicht gegrillten Thunfisch, Austern oder Nordseescholle zu probieren.

Das Restaurant hat das Meer auf der Speisekarte: Oosterscheider Austern, Graved Lachs, Kammmuscheln, Kutter-Dorsch oder Matjes sind nur eine Auswahl – ganz zu schweigen vom Tagesfang.

Neben kleineren Ausflügen in die asiatische oder nordafrikanische Kü-

che bietet das Natusch Klassiker der norddeutschen Küche in gehobener Qualität an. Zu diesen Klassikern gehört auch Labskaus. Hier im Fischereihafen von Bremerhaven wird Labskaus mit gepökelter Rinderbrust zubereitet. Es kommt neben Spiegelei, Senfgurke und Roter Bete auch ein Rollmops auf den Teller und fein gewürfelte Matjesfilets direkt in das Labskaus. »Das Labskaus steht schon seit 1951 genau so auf der Karte«, so Lutz Natusch. »Was in Bayern die Haxe ist, ist bei uns eben Labskaus. Das wird es immer geben – und beliebt ist es auch, bei den Einheimischen und Gästen.«

Natusch Fischereihafen Restaurant KG
Am Fischbahnhof 1 • 27572 Bremerhaven
www.natusch.de

Hamburg

Old Commercial Room – Ältestes Labskausrestaurant Deutschlands Auf dem Teller liegt eine zartrosa breiige Masse, zum Teil bedeckt von einem Spiegelei, flankiert von je zwei Scheiben Salzgurke und Roter Bete. »Unser Labskaus-Probierteller als Vorspeise«, verkündet der Kellner mit einem Lächeln. Wir sind im Old Commercial Room, einer der ersten Adressen für echt hanseatische Küche. Labskaus ist die Spezialität des Hauses und die Leidenschaft von Inhaber Reinhard Rauch, der im weißen Hemd am Captain's Table residiert. »Ich kann jeden Tag Labskaus essen«, sagt er und lässt Bedenken angesichts der Optik nicht gelten. Seit 1795 existiert bereits der von einem englischen Reeder gegründete Old Commercial Room in Hamburg. So lange, da ist sich Inhaber Reinhard »Butsche« Rauch sicher, stehe auch bereits Labskaus auf der Speisekarte. Schon seit die Kartoffel mit den spanischen Eroberern nach Europa gekommen ist, sei das Seefahrergericht so zubereitet worden. »Und vorher wurde das angeblich mit aufgeweichtem Schiffszwieback gemacht – die Konsistenz war praktisch gleich.«

Jeder Zentimeter der Wand ist mit signierten Fotos nationaler und internationaler Prominenz bedeckt, nicht wenige von ihnen hat er an die optisch weniger anreizende Seefahrerspeise gebracht. »Mario Adorf war zuerst sehr skeptisch und hat zuerst nur ein kleines Gläschen zum Probieren bestellt – ganze fünf Gläser hat er dann an dem Abend verputzt«, erzählt er. Und auch Helmut Schmidt hat auf seiner Geburtstagsfeier an einem 23. Dezember nach dem Besuch im Michel für jeden eine Portion Labskaus als Mitternachtssnack bestellt.

Doch nicht nur Promis wie Joe Cocker, die Beatles oder Roberto Blanco (alle sorgfältig aufgelistet und für Besucher nachzulesen) kamen für das Seemannsessen zu »Butsche«. 1977 veranstaltete er für 20.000 Menschen das größte Labskausessen der Welt, und der alte Handelsraum gilt seit Jah-

ren als die erste Adresse, um das originale Labskaus zu erleben. 2020 wurde das Restaurant von der Hanseatischen Labskaus Dinner Society für das »Beste Labskaus in Hamburg« ausgezeichnet.

Als Kind hat Reinhard Rauch das Gericht von seiner Großmutter mit Corned Beef kennengelernt, in seinem Restaurant verwendet er dafür jedoch Blatt und Nacken vom Rind. Fisch und Rote Bete gehören laut Rauch nicht in das Labskaus. »Die rosa Farbe kommt ausschließlich vom Pökelsalz, und hätte der Smutje, der Schiffskoch, auf See Fisch mit in das Labskaus getan, hätte er wohl Kiel geholt.« Doch schmeckte der Crew das Labskaus – so besagt es das Seemannsgarn –, durfte er bei der nächsten Fahrt wieder anheuern.

Im Old Commercial Room kann man natürlich trotzdem einen Matjes separat dazubestellen – Rauch liebt das Gericht jedoch pur mit Salzgurke, Roter Bete und Spiegelei garniert.

Laut Rauch ist dieses Gericht unsterblich, die Nachfrage sei sowohl bei den Einheimischen, den Stammtischen als auch den Touristen sehr hoch. Auch mit vegetarischem Labskaus experimentiere er – und seine Stammtisch-Tester waren positiv überrascht. Auf der Karte findet sich Labskaus nach klassischer Seemannsart, aber in der Miniportion auch mit Pfeffercreme, Curry-Wachtelei oder Garnele.

Old Commercial Room • Englische Planke 10, Hamburg,
www.oldcommercialroom.de

Fischereihafenrestaurant – Labskaus für feine Hanseaten Dass Labskaus durchaus salonfähig sein kann, beweist das Fischereihafen Restaurant in Hamburg. In zweiter Generation führt die Familie Kowalke seit 1981 das Gourmetrestaurant mit Blick über die Elbe und Hafenkräne. Schnell entwickelte es sich zu einer der Topadressen für Fischliebhaber aus aller Welt.

In der Küche gab es 2018 eine »Wachablösung« in bestem Sinne:

Nach ein paar externen Jahren ist Jens Klunker als Küchenchef nach Hause zurückgekehrt. Er ist damit in die Fußstapfen seines Vaters Wolf-Dieter Klunker getreten, der über 30 Jahre lang der Küchenchef gewesen war und die Erfolgsgeschichte des Fischereihafen Restaurants entscheidend mitgeprägt hatte. Dieser entwickelte auch die persönliche Lieblings-Labskaus-Variante Dirk Kowalkes: traditionell, aber veredelt.

»Das ist ein Gericht der ersten Stunde«, schwärmt Kowalke, »ein Klassiker, den es bei uns immer schon genau so gegeben hat.« Im Fischereihafen Restaurant schafft es sogar das Labskaus, gut auszusehen: Getrennt gekochte Zutaten, knallige Rote Bete, gepökelte Rinderbrust in bester Qualität, Gabelmops und Spiegelei machen das Gericht zu einer Augenweide und zu einem besonderen Geschmackserlebnis.

Für das traditionelle Seemannsessen wird in dieser Variante das Pökel-

fleisch mit gespickten Zwiebeln weich gekocht. Die Gurken, Zwiebeln und Rote Bete werden fein gewürfelt, angeschwitzt und mit dem Pökelfond abgelöscht. Das klein geschnittene oder gedrehte Fleisch kommt hinzu und wird durchgekocht. Erst im letzten Schritt werden die gekochten Kartoffeln dazugepresst. So entsteht, vielleicht zur Trauer zahnloser Seemänner und -frauen, kein homogener leberwurstfarbener Brei, sondern ein farbenfrohes Gericht, dessen Zutaten noch definierbar sind und hervorragend zusammenspielen.

»Labskaus ist ein Evergreen der klassischen Küche«, sagt Kowalke, »und es gibt Gerichte, die kann und soll man nicht neu erfinden – sondern einfach in einer Topqualität zubereiten.«

Fischereihafen Restaurant • Große Elbstraße 143 • 22767 Hamburg
www.fischereihafenrestaurant.de

Haifischbar – Junge, komm bald wieder, bald wieder, nach Haus … Die Haifischbar ist wie Labskaus eine Hamburger Institution und befindet sich nur einen Steinwurf entfernt von einer weiteren Institution: dem Hamburger Fischmarkt. Von 1962 bis 1975 war die Kneipe Namensgeber für die beliebte Unterhaltungsshow »Haifischbar«. Die Kneipe wurde zum Fernsehstudio und prägte bis nach Bayern das Bild einer typischen Hamburger Hafenkneipe. Hier wurde Hamburger Platt geschnackt, wurden Döntjes erzählt, wurde geschunkelt und gesungen. Gern gesehene Gäste waren die Hamburger Volksschauspielerin Heidi Kabel und der Österreicher Freddy Quinn, der auf Seemann

machte und die Sehnsucht der Menschen nach Weite und Exotik stillte.

Ein Schritt über die Türschwelle, und man wird bis heute in das vorige Jahrhundert zurückversetzt, zwischen Frachtschiffen, Hafenbahn und Hans Albers. Die Seemannsmission befindet sich nebenan, und vor der Tür kann man Kräne und die Schiffe auf der Elbe sehen. Die Haifischbar sieht exakt so aus, wie man sich den Urtyp einer Seemannskneipe vorstellt: Schiffsmodelle über dem Tresen, viele ausgestopfte Tiere unter der Decke, an der Wand afrikanische Masken und daneben ein Ölbild von Hans Albers.

Die passende musikalische Untermalung kommt von Hans Albers und Freddy Quinn aus der roten Jukebox.

Die Kneipe ist eine der letzten Bastionen des alten Fischereihafens, vor der Zeit der großen Container und der computergetakteten Zeitpläne. Früher wurde hier gesoffen und geprügelt, vor der Tür warteten »Bordsteinschwalben« auf Laufkundschaft, die Schellfischbahn fuhr zum Altonaer Bahnhof, Hans Albers und Freddy Quinn sangen nicht nur aus der Jukebox, sondern zwischen Hafenarbeitern und Matrosen. Lang, lang ist es her.

Klar bekommt man hier auch eine anständige Portion Labskaus serviert. »La Paloma« singend – Seemanns Braut ist die See / Und nur ihr kann er treu sein / Wenn der Sturmwind sein Lied singt / Dann winkt mir der Großen Freiheit Glück – verlassen wir weit nach Mitternacht in bester Stimmung das Lokal.

Haifischbar • Große Elbstraße 128 • 22767 Hamburg
www.haifischbar.hamburg

Lübeck

Schiffergesellschaft Die Schiffergesellschaft ist eine Institution in der Hansestadt. Seit der Gründung der Schiffergesellschaft ist viel Zeit vergangen. In mehr als 500 Jahren haben Stadt und Haus viel erlebt. Lübeck blieb neutral beim 30-jährigen Krieg, begründete die moderne Handelsschifffahrt, überstand den siebenjährigen Krieg, profitierte vom Kontinentalkrieg, stand dann aber unter französischer Herrschaft, überstand noch einen Krieg und wurde schließlich im Zweiten Weltkrieg ziemlich umfangreich zerstört.

Aber der große Saal ist über die Jahrhunderte fast unverändert geblieben. Andere Räume, wie das Kapitänszimmer, die Hansezimmer und den Kapitänssalon, haben die Tradition gemütlich durch die Zeit getragen.

Eines hat sich in all den Jahrhunderten nicht geändert: Die Schiffergesellschaft ist ein Ort der Begegnung. Hier treffen sich Geschäftsleute, Gesellschaften, Liebespaare und natürlich Menschen, die an der Geschichte des Hauses interessiert sind. Ein Abend in der Schiffergesellschaft ist immer auch ein Abend unter Menschen in Geselligkeit und Gesellschaft. Genau der richtige Ort für eine ordentliche Portion Labskaus.

Schiffergesellschaft • Breite Straße 2 • 23552 Lübeck
www.schiffergesellschaft.de

Labskaus in Dose und Glas – Empfehlungen

Labskaus passt und mundet auch aus der Dose und aus dem Glas. Zumindest diese hier, die haben wir getestet und für gut befunden.

Der Labskauspionier Eine der ersten Firmen, die Labskaus in die Dose füllten, war die 1846 gegründete Friedrich Roose Schlachterei im niedersächsischen Zeven. Als sein Sohn Ludwig 1884 den Betrieb übernahm, arbeiteten immerhin schon neun Angestellte bei Roose. Ludwig Roose entwickelte zahlreiche neue Rezepturen und Delikatessen, konnte die Ware aber nicht über die Stadtgrenzen hinaus liefern.

Belieferungen erfolgten zu der Zeit hauptsächlich mit dem Fahrrad. Erst als sein Sohn Friedrich 1918 den Betrieb übernahm, wurde die Produktion deutlich ausgebaut. Bis zu 25 Gesellen schlachteten nun wöchentlich bis zu 40 Schweine und lieferten die Fleisch- und Wurstwaren in das Elbe-Weser-Gebiet aus. Als 1949 Friedrich Roose den Betrieb in Zeven übernahm, führte er die Konservenproduktion ein. Zevener Klosterwürstchen, Hanseaten Labskaus und Corned Beef wurden zu wichtigen Standbeinen. Vor allem im Hamburger und Bremer Raum wurde schon damals ihr Labskaus geschätzt. Das Geheimnis sind gute Zutaten und traditionelles Handwerk. In Zeven verwendet man hochwertiges Rindfleisch, Kartoffeln und Rote Bete werden frisch geschält. Perfekt, wenn man in See sticht oder wenn es zu Hause mal schnell gehen soll: kurz erhitzen, Spiegelei drauf – fertig ist das Traditionsgericht.

www.bleybestewurst.de

Labskaus vom Hamburger Kiez Die Kiezküche St. Pauli verfolgt eine einfache Taktik: Mit speziellen Food-Produkten wird die kieztypische Kulinarik für zu Hause auf den Platz gebracht. Das Angebot: deftige Suppe, knackige Würstchen und natürlich kultiges Labskaus. Wirkt rustikal, schmeckt aber: seebärenstark.

www.kiezkueche.com

Labskaus aus Eckernförde Heine Delikatessen aus Eckernförde versendet schon seit Jahrzenten nordische Delikatessen quer durch die Republik. Ihr Hit war lange wilder Ostseelachs – mittlerweile leider fast ausgestorben. Aber ihr Labskaus aus der Dose ist auch nicht schlecht. Die Kartoffeln kommen aus der Heide, so ist es eine schleswig-holsteinisch-niedersächsische Co-Produktion. Aber der Matjes dazu sollte natürlich aus Eckernförde sein. Aus der Stadt an der Ostsee kommen übrigens auch die Kieler Sprotten – aber das ist eine andere Geschichte.

www.heine-delikatessen.de

Labskaus im Glas Labskaus kann man auch in ein Weckglas packen. Ist ja auch eine alte, traditionelle Methode, um Lebensmittel haltbar zu machen. Wenn es von der Klüvers Delikatessen-Manufaktur aus Scharbeutz-Gleschendorf an der Ostsee stammt, schmeckt es sogar. Ihr Labskaus enthält Kartoffeln, Rind- und Schweinefleisch und würzige Rote Bete. Alles handgemacht und sorgfältig zubereitet nach traditionellem Rezept.

www.kluevers.com

Register der Rezepte

Zum Dessert

Dank

Dieses Buch wäre ohne die Expertise und Auskunftsfreude folgender Personen niemals zustande gekommen: Giancarlo Gemin, Camilla Grebe, Halldór Guðmundsson, Levi Henriksen, Bethan Hughes, Egle Išganaityte, Ulla-Lena Lundberg, Bill McCann, Rachel McNicholl, Dagmar Mißfeldt, Melissa Murray, Karola Olofsson, Ness Owen, Nicholas Shilton, Maarja Siiner, Barbara Ziehm.

Zu danken haben wir auch allen beteiligten Köchinnen und Köchen, die spürbar große Lust hatten, das Traditionsgericht zu bewahren und mit neuen zeitgemäßen Ideen es auch für jüngere Generationen kulinarisch zu erhalten.

Eine alte Bauernweisheit aus dem Norden besagt:
Nur Geduld! Mit der Zeit wird aus Gras Milch.

Die Autorinnen und die Autoren

Jens Mecklenburg ist gebürtiger Hamburger, lebt und arbeitet als Journalist und Autor an der Kieler Förde. Herausgeber des Onlinemagazins »Nordische Esskultur« und der »Edition Nordische Esskultur«. Der Gastrokritiker beschäftigt sich mit allen Themen rund ums Essen und Trinken. Er hat zahlreiche kulinarische Bücher publiziert, zuletzt »Raritäten von der Weide. 66 Nutztiere, die Sie kennenlernen sollten, bevor sie aussterben«. Als Autor und Berater setzt er sich engagiert für die Förderung regionaler Genusskultur ein.

Gabriele Haefs, geboren in Wachtendonk am Niederrhein, studierte Keltologin, lebt in Hamburg, übersetzt aus zahlreichen nordischen Sprachen, zum Beispiel »Sofies Welt« aus dem Norwegischen, und schreibt viel beachtete Kultur- und Reiseführer über die nordischen Länder. Zuletzt erschienen von ihr: »111 Gründe, Norwegen zu lieben«, »111 Gründe, Wales zu lieben«, »111 Orte in Oslo, die man gesehen haben muss«. Mehrfach preisgekrönt, wurde sie zuletzt zur Ritterin des Königlichen Norwegischen Olavsordens geschlagen. Autorin für »Nordische Esskultur«.

Johanna Rädecke lebt in Hamburg und ist Redakteurin des Onlinemagazins »Nordische Esskultur«. Sie hat an der Christian-Albrechts-Universität zu Kiel Deutsch und Soziologie studiert und für dieses Buch die norddeutschen Labskausrestaurants getestet.

Detlef Jens ist Journalist mit den Schwerpunkten Wassersport und Reise sowie Buchautor und Herausgeber des Onlinemagazins Literaturboot.de.
Als überzeugter »Liveaboard« lebte er viele Jahre mit seiner Familie auf historischen Museumsschiffen in Hamburg (und schrieb dazu das Buch »Hafenjahre«). Derzeit wohnt er in Flensburg, davon die meiste Zeit wieder an Bord seines Segelbootes, und schreibt Romane über einen Yachtdetektiv und dessen Abenteuer (»Black Jack«, »Gefährliche Gezeiten«). Für »Nordische Esskultur« besegelt er die nordischen Küsten und gibt Tipps, wo ein Landgang zur Nahrungsaufnahme lohnt.

Abbildungsverzeichnis

Alle Illustrationen von Till Lenecke